新媒体创新人才培养
系列丛书

新媒体写作

—— 胡森林 傅玉辉 高明勇 崔向升 ◎ 编著 ——

New Media Writing

人民邮电出版社

北 京

图书在版编目（CIP）数据

新媒体写作 / 胡森林等编著. -- 北京 : 人民邮电
出版社，2021.1
（新媒体创新人才培养系列丛书）
ISBN 978-7-115-55073-6

Ⅰ. ①新… Ⅱ. ①胡… Ⅲ. ①新闻写作 Ⅳ.
①G212.2

中国版本图书馆CIP数据核字(2020)第201317号

内 容 提 要

本书结合新的传受环境和新的传播形态，围绕新媒体从业人才的培养目标，全面讲述了新媒体写作的思维和技能。全书分六部分，共二十三章，主要介绍新媒体形态及新的传受环境、新媒体写作特点与内容生成、新媒体写作平台与渠道、新媒体写作主体与素养、新媒体写作方法要领与案例剖析、新媒体写作趋势前景。

本书可作为高等院校、高等职业院校新闻传播学、网络与新媒体等相关专业的教材，也可作为从事新媒体行业的读者的参考书。

◆ 编　著　胡森林　傅玉辉　高明勇　崔向升
　　责任编辑　刘　尉
　　责任印制　王　郁　焦志炜
◆ 人民邮电出版社出版发行　　北京市丰台区成寿寺路 11 号
　　邮编　100164　电子邮件　315@ptpress.com.cn
　　网址　https://www.ptpress.com.cn
　　三河市祥达印刷包装有限公司印刷
◆ 开本：787×1092　1/16
　　印张：11.75　　　　　　　2021 年 1 月第 1 版
　　字数：210 千字　　　　　2024 年 7 月河北第 6 次印刷

定价：39.80 元

读者服务热线：(010)81055256　印装质量热线：(010)81055316
反盗版热线：(010)81055315
广告经营许可证：京东市监广登字 20170147 号

作者简介

胡森林

湖南衡阳人，中国人民大学新闻学硕士。现任大型央企集团办公室副主任，高级经济师。兼任中央企业青联委员、国家高端智库理事、大学客座研究员等。在各大报刊媒体发表文学作品、新闻报道、行业报告、学术论文、评论专栏等超过 200 万字。主持过多项重大报告撰写、行业政策调研和管理课题研究，获得过 10 余次省部级以上的新闻奖、文学奖、图书著作奖和行业优秀研究论文与管理成果奖。致力于写作理论和实践方面的探索与研究，为国家机关、高校、企事业单位讲授多门写作课程。正在陆续总结提炼写作方面的心得体会，出版著作 10 余部，其中专论写作的《公文高手的自我修养》《公文高手的修炼之道》《公文写作心法》《这样写就对了：职场写作的 30 个场景》等系列著作广受好评，被求是网、央视等多家媒体予以推荐。

傅玉辉

中晶环境品牌与文化传播中心总经理，中晶研究院院长，传播学博士、博士后，高级编辑，原中国联通集团新闻处处长、中国联通集团新媒体运营中心主任。长期从事移动通信产业、媒体融合、新媒体传播、互联网治理、移动互联网发展、国际传播、环境治理和产业政策研究。专著有《大媒体产业：从媒介融合到产业融合》，译著有《21 世纪杂志人生存手册》《移动通信与社会变迁：全球视角下的传播变革》和《数字时代的媒介》。

高明勇

凤凰网《政能亮》创始总编辑。中国人民大学新闻学院兼职硕士生导师。上海金融与法律研究院研究员。《青年记者》专栏作家。历任《新京报》评论员、《评论周刊》统筹、凤凰网评论总监。著有《新闻的逻辑》《坐下来的中国》《侯仁之传：北京城的守望者》，主编《微博问政的 30 堂课》、政能亮系列丛书（6 卷）等。致力于中国新闻评论史、评论写作等研究。

崔向升

专业传媒人，专栏作者。曾先后担任《青年参考》报主笔，央视网头条组负责人、网络评论中心主编，凤凰网《政能亮》执行主编。专访过多位外国驻华大使。

PREFACE 前 言

随着新媒体的蓬勃发展及其与大众信息获取和文化娱乐生活的日益交融，新媒体已然成为当下一道令人瞩目的"景观"。我们几乎每个人都是新媒体的使用者和新媒体产品的用户，同时，越来越多的人成为新媒体的创建者和内容生产者。可以说，生活在信息社会中的我们，没有谁不受到新媒体直接或潜在的影响。除了对个体的意义之外，从社会和文化层面来说，新媒体也成为当下公共表达、社会治理等方面的重要载体和平台，在社会整合与共识形成、理性程度增长与促进有效协调合作等方面，新媒体的作用不可小觑。

在新媒体形态及其产品日新月异发展之际，各行各业都迫切期待对新媒体的发展实践进行更客观的观察、更全面的审视和更细致的梳理，留下实际的记录和理论的探讨。新媒体发展过程中，有许多优良的实践值得效法，有许多可取的经验值得总结，若不及时加以梳理和盘点，就无法有效地固化为行业通则。但同时，作为一项新生事物，新媒体的发展也难免泥沙俱下，存在一些需要纠偏之处。对这些不良的现象加以指摘，既是对当下新媒体的规范，也可作为未来的镜鉴。如若能从正反两个方面对新媒体的发展情况加以考量，或许能为正在如火如荼发展着的新媒体事业提供一点有益的参考，这就是本书写作之初的基本考虑。

具体到本书的内容，是关于新媒体的写作。写作是新媒体运行的基础，也是新媒体最不可或缺的部分。但是，坦率地说，从理论和实践角度把握好新媒体写作，并不是一件容易的事。因为相较于已经有非常成熟的理论范式和实践原则的传统媒体写作而言，新媒体写作是一个不断发展变化着的事物，其属性、特征、边界、方式、运作机制都与传统媒体写作有很大的不同，而就新媒体的技术条件、生成环境、参与方式等来说，新媒体写作也在快速发展嬗变之中。形象地说，它像正在流动着的水，还没有完全成型，我们很难赋予其一个固有的定义和框定的格局。甚至在"新媒体写作"这一概念本体上，还有一些值得探讨的地方。我们也曾考虑过，用"新媒体内容创作"是否更为切合当下情境？但是，不管内容生产的外形如何流变，写作作为媒体内容表达的核心要素，依然万变不离其宗，依然有其稳定的特征和要求，这是始终需要我们认真把握的。而且，新媒体不断发生变化的事实本身，也在丰富着写作这一概念的内涵和外延。

就媒体写作的书籍而言，专门讲述传统媒体写作的，不论是报纸、广播还是电视等，都已有很多，但对于当下的新媒体写作，毕竟缺乏足够的针对性和实用性。市面上也有一些关于新媒体写作的图书，但浏览之下，发现大多是单纯技法的罗列或案例的简单堆积，略显单薄，缺乏一定的全面性和通适性，也少了一些理论层面的视角提升。我们相信，随着新媒体的发展，一定会有更多的学者、从业者在这方面沉潜耕耘，写出更加优秀的著作。那么，本书就权当是抛砖引玉之作吧。

本书作为"新媒体创新人才培养系列丛书"中的一本，主要定位是结合新的传受环境和新的传播形态，着眼于培养新媒体从业人才，围绕"新媒体写作"的本体论、认识论、实践论和方法论等进行探讨，内容涵盖新媒体形态及新的传受环境、新媒体写作特点与内容生成、新媒体写作平台与渠道、新媒体写作主体与素养、新媒体写作方法要领与案例剖析、新媒体写作趋势前景六个方面，大体包含了新媒体写作涉及的主要内容领域，因此可以说是对新媒体写作的全方位梳理。从理论脉络上看，新媒体写作作为一种社会信息传播的手段，依然适用于传播学的基本理论框架，即由传播者、传播内容、传播渠道、受众、传播效果等几个大的方面构成。这也说明，尽管新媒体的发展日新月异，但经典的传播学理论仍然没有过时，在新的时空下仍然有不断发展的空间。

对应本书的内容要旨，形成了六个设问：何谓新媒体？何谓新媒体写作？在哪里写？谁来写？怎么写？未来是什么？对这些问题的解答与阐述，构成了本书六个部分的总体框架。在写作风格上，本书力求专业性与通俗性相统一，理论与实务相衔接，讲解与案例相结合，过去、现在与未来相贯通，希望裨益广大读者。

本书由 4 人合作完成，其中，胡森林负责全书的思路拟定和框架设计，并承担了前言、第一部分、第三部分和第四部分的写作；傅玉辉参与了书稿的整体构思，并承担了第六部分和结语的写作，高明勇承担了第五部分的写作，崔向升承担了第二部分的写作。胡森林对全书内容进行了统稿。

本书的读者对象是高等院校、高等职业院校新闻传播学、网络与新媒体等相关专业或有志于从事新媒体行业的学生，也包括正在从事新媒体工作的相关人士，以及对新媒体感兴趣、希望增进了解的广大人士。本书按照教材的体例风格撰写，可供高等院校教学及新媒体相关机构业务培训使用。

编者
2020 年 9 月

CONTENTS
目　录

第五部分　怎么写？
新媒体写作方法要领与案例剖析 ·· 114

第六部分　未来是什么？
新媒体写作趋势前景 ·· 156

第一部分

何谓新媒体？
新媒体形态及新的
传受环境

第一章

从传统媒体到新媒体

新媒体是什么？具有哪些属性特征？与传统媒体有什么不一样？应该承担什么样的社会功能？本章在回答这些基本问题的基础上，落脚到新媒体写作上，提出对新媒体写作的基本理解，以及对新媒体写作素养的冀望。

如今，一个普通人的一天也许是这样的：早上起床，打开手机，看一下新闻资讯；在通勤的路上，浏览微博，听一听知识分享的音频节目；在紧张工作的休息间隙，听听网络音乐，看看视频节目，或者在购物类 App 或网站下单买点心仪的商品；晚上闲暇时，浏览微信朋友圈，阅读订阅的公众号文章，临睡前再看一集"网剧"。

在这样一个典型生活场景中，我们不难发现，现代人的生活几乎是被新媒体包围了的。可以说，网络和智能终端延伸到哪里，新媒体就充斥到哪里。每一个享受现代信息生活的人，都是新媒体的使用者、参与者，同时还可能是新媒体内容的生产者。

一、新媒体的定义

中文"新媒体"一词是英文"New Media"的直接译文，要了解"新媒体"的起源，还得从"New Media"的源头说起。一般认为，"新媒体"作为一个专业术语，最早是由美国一位名叫戈尔德马克（Peter Carl Goldmark）的人提出的。戈尔德马克曾担任过美国哥伦比亚广播公司（Columbia Broadcasting System，CBS）技术研究所所长，他在 1967 年第一次提出了"新媒体"一词。随着后来使用的人越来越多，特别是 20 世纪 80 年代，伴随着计算机技术的发展，"新媒体"一词开始广泛普及，从美国逐步流传到全世界。

新媒体是相对于传统媒体而言的。在新媒体出现以前，人们所说的媒体主要是指报纸、广播、电视、电影等传统媒体。而随着新的传播形态和媒体形态的出现，媒体自身的内涵和外延发生了很大的变化，人们对媒体的认识也发生了很大的变化。在这种情况下，新媒体作为一种新的传播现象，受到了广泛关注。

认识任何一个事物，我们首先需要厘清它的概念。"新媒体"是如今被广泛使用的词汇，是很难界定的一个模糊概念，它的定义在学界至今没有定论。那么到底什么是新媒体？

以下是国际上已有的对于新媒体的定义。

（1）美国《连线》杂志：所有人对所有人的传播。

（2）联合国教科文组织：以数字技术为基础，以网络为载体进行信息传播的媒介。

国内的众多学者也对新媒体给出过自己的定义。

复旦大学的李良荣教授在《网络与新媒体概论》一书中称："新媒体，是伴随互联网的发展，以数字技术、计算机网络技术、移动通信技术为主要支撑，以数字化、交互性、超时空为主要特征的一系列新媒体形态。"

石磊在《新媒体概论》一书中对新媒体的界定："新媒体一词是相对于传统媒体

而言的，是指在报刊、广播、电视等传统媒体之后发展起来的新的媒体形态，是利用数字技术、网络技术、移动技术，通过互联网、无线通信网、卫星等渠道，以及计算机、手机、数字电视机等终端，向受众提供信息和娱乐服务的传播形态和媒体形态。严格来说，新媒体应该称为数字化新媒体。"

景东、苏宝华在《新媒体定义新论》一文中认为："新媒体是所有人向大众实时交互地传递个性化数字复合信息的传播介质。"

王东熙在《论新媒体之"新"》一文中提出："新媒体是应用新技术或新思路改变传统媒体的传播环节特征而形成的新的媒体形式。"

中国人民大学新闻学院彭兰教授认为，新媒体是一个不断变化的概念，几乎无法确定一个既标准又一劳永逸的定义。出于严谨研究与规范使用的需要，有人对新媒体做出阶段性定义，以三条线索为依据：新媒体概念的演变过程、新媒体相对稳定的基本特征，以及新媒体概念使用的不同情境及具体指向。

上述林林总总的关于新媒体定义的表述尽管各有不同，但对于新媒体的构成要素有以下基本的共识。

（1）新媒体是建立在数字技术和网络技术基础上的，有别于传统媒体是工业社会的产物，可以说是信息社会的产物。

（2）新媒体在信息呈现方式上是多媒体，在信息传播上具有跨时空、全天候、大容量等特征，还具有传统媒体无法比拟的即时性、互动性等优势，从而形成崭新的信息传受环境。

（3）新媒体的传播内容比传统媒体更加广泛，而且在技术、运营、产品、服务等商业模式上具有创新性和颠覆性。

（4）新媒体的边界不断拓展，呈现出媒介融合趋势，具有动态变化的特征。

结合前述已有研究成果，我们提出如下对新媒体的定义，作为本书讨论的基础："新媒体是利用计算机和数字网络信息技术，通过互联网、移动互联网等传播渠道，向计算机、智能手机等终端受众提供信息服务，具有交互性、融合性等新特征的媒体形态和平台。"

可以从以下五个层面理解本书所界定的新媒体概念。

（1）技术层面：利用数字技术、网络技术和移动通信技术。

（2）渠道层面：通过互联网、宽带局域网、无线通信网和卫星等渠道。

（3）终端层面：以计算机、智能手机、数字屏幕等设备为主要输出终端。

（4）内容层面：提供文字、图片、视频、音频、数据服务，连线游戏、远程教育等集成信息和娱乐服务。

（5）服务层面：机构或个人经营的媒体平台，提供的服务是公益或商业性质的，并具有不同于传统媒体的新商业模式。

二、相近概念辨析

本节对与新媒体有关的几对容易混淆的概念做一些辨析。

（一）新媒体与自媒体

自媒体是近年来随着新技术的发展而出现的一种传播形态。"自媒体（We Media）"概念最早在 2002 年左右由硅谷专栏作家丹·吉尔默（Dan Gillmor）提出，意指私人化、平民化、普泛化、自主化的传播者，以现代化、电子化手段，向不特定大多数人或特定个人传递规范性及非规范性信息的新媒体总称，也被称作"个人媒体"。

自媒体有两个基本要素：一是运用互联网等新技术，依托特定的自媒体平台进行自主信息发布，如博客、微博、微信、贴吧、论坛等网络社区；二是个人作为传播主体。用一句话概括：自媒体=自媒体平台+平台上的自媒体创作者。

从广义上说，新媒体和自媒体都是依赖新技术的新型媒体形态，但两者既有联系又有区别。

（1）从侧重点来说，两者既相互依存又指向不同，新媒体更侧重介质或载体，自媒体更侧重内容。例如，各网站平台是新媒体，而为这些网站平台提供内容的创作者则是自媒体。

（2）从范围和包含关系来说，自媒体从属于新媒体，是具有独特个性的新媒体类型。自媒体的本质是依附于新媒体技术背景的"信息共享的即时交互平台"，可以说是新媒体的衍生物或子概念，而非有别于新媒体的全新物种。因为有了新媒体这种媒介形态，自媒体才有了发展的可能。

（3）从对应的概念来说，新媒体对应的是传统媒体，指的是区别于传统媒体的新型传播形态；自媒体对应的是机构媒体，指的是以个人为主体的信息传播方式，区别于以往由官方批准、专业机构主导的组织化传播方式。当传统媒体或企业等组织在网络平台上发布信息时，只能说它们是新媒体，而不能称其为自媒体。

与自媒体相关联的还有另一个概念，"社会化媒体（Social Media）"，2007 年最早出现在安东尼·梅菲尔德（Antony Mayfield）出版的一本名为《什么是社会化媒体》的电子书中。简单来说，社会化媒体是指互联网上基于受众关系的内容生产与交换平台，其特征表现在参与度、公开性、交流性、社区化和连通性方面。

社会化媒体也叫社交媒体，当自媒体平台创建一个受众交流、分享、互动的社交网络时，它们就成了社交媒体，如基于兴趣社交的微博，基于熟人社交的微信，基于知识社交的知乎等。近年来，社交媒体在互联网的沃土上蓬勃发展，爆发出惊人的能量，其传播的信息已成为人们消费新媒体的重要内容。

（二）新媒体与网络媒体（数字媒体）

网络媒体是指依托互联网技术，在网络环境中进行传播信息的媒体形态，其中包括使用移动互联网技术和智能手机终端的手机媒体或移动媒体，其共同特点是以数字形式来进行信息传播，所以也称为数字媒体。

网络媒体是基于互联网进行信息传播的，而新媒体则不仅指互联网传播途径，还包括卫星、数字电视机等终端设备。因此，从包含关系上来说，新媒体的范畴比网络媒体要大，网络媒体也属于新媒体的一种。

（三）新媒体与融媒体

融媒体是指实现视频、音频、文字、图片等多种媒体形态在报纸、微博、微信、客户端等不同媒介中的立体传播。它充分利用综合的媒介载体，把具有互补性的不同媒体内容进行全面整合，实现资源、内容、宣传、利益的互通。

融媒体的核心是一个"融"字，是传播内容、媒体介质、传播手段、人员等方面的深度融合，它是在全媒体的基础上发展起来的，代表了媒体融合的新阶段。"融媒体"不仅包括"全媒体"所追求的技术融合，还包括内容、组织架构、人员设置、管理运营等层面的融合。

现实中，融媒体既被看作媒体的一个新种类，又被看作打通媒体壁垒、实现媒体融合发展的手段和模式。融媒体更体现了理念创新，意味着人们对传统媒介及其产业链的新认识。

融媒体与新媒体的区别在于，新媒体侧重于传播形态，融媒体侧重于媒体融合理念与相应的机制。在融媒体中，传统媒体和新媒体有效结合、优势互补，更加突出新媒体的引领作用。

延伸阅读

人民日报"中央厨房"

融媒体机制下，受众面对的不再是简单的文字表达，而是能通过这一平台下设的各个子媒来获取更多的内容。"中央厨房"存在波纹效应，也就是一个素材能够分别从"快、全、深"三个方面进行报道，通过不同终端及受众特性的不同来分发，实现了资源的融通，也降低了生产成本。

▌三、新媒体的主要属性和特征

从前文分析可以看出，新媒体具有以下显著属性。

（1）内容属性。这是新媒体的本质属性。不管新媒体的形态和传播手段如何变化，但万变不离其宗，它最终的立足点仍然是为受众提供信息内容服务。其提供的内容是否满足受众需求，是否具有差异化和高品质，也是新媒体的竞争力所在，特别是在海量信息高度同质化的情况下，"内容为王"依然是颠扑不破的道理。

（2）技术属性。这是新媒体的物质属性。新媒体是互联网时代的产物，需要应用各种互联网技术和信息化新技术，其传播渠道和终端设备也都具有显著的技术化特征，硬件建设与软件开发对新媒体都十分重要。随着"云、大、物、移、智"等新技术的发展，新媒体的技术应用也日益广泛深入，包括基于云计算的基础平台和各种应用平台，以及满足受众需求的内容生产手段，如大数据分析、推荐算法等。技术属性是新媒体最活跃的属性，也是新媒体动态性的最大驱动力。

（3）文化属性。这是新媒体的价值属性。新媒体作为内容生产者，不可避免具有意识形态烙印和文化特征。在当今时代，新媒体已然成为社会文化建设的重要组成部分，也是人们文化消费的重要对象。从某种意义上来说，新媒体文化属性的内涵相比传统媒体而言更加丰富。无论是新媒体提供的内容，还是新媒体的传播手段和方式，以及社群化、网络化带来的社会文化生态的构建，都使新媒体成为当今一道显著的文化景观，也让人们对新媒体文化价值的考量增加了更多维度。

（4）平台属性。这是新媒体的外在属性。新媒体时代，信息提供者越来越从"新媒体机构"向"新媒体平台"方向发展。在我国，政策层面所指的新媒体机构，是指具有相应资质、与新闻信息服务相关的机构。根据 2005 年 9 月 27 日国务院新闻办公室与信息产业部颁布的《互联网新闻信息服务管理规定》，在中国，通过互联网登载新闻信息、提供时政类电子公告服务和向公众发送时政类通信信息，都称为新闻信息服务，有三类机构可以从事新闻信息服务，包括新闻单位设立的登载超出本单位已刊登播发的新闻信息、提供时政类电子公告服务、向公众发送时政类信息的互联网新闻信息服务单位；非新闻单位设立的转载新闻信息、提供时政类电子公告服务、向公众发送时政类通讯信息的互联网新闻信息服务单位；新闻单位设立的登载本单位已刊登播发的新闻信息的互联网新闻信息服务单位。到目前为止，这仍是中国新媒体新闻信息服务管理的主要法律依据。2014 年 8 月 7 日，国家互联网信息办公室颁布了《即时通信工具公众信息服务发展管理暂行规定》，将微信公众号也纳入新媒体新闻信息服务范畴进行管理。而有资质利用公众号进行新闻信息服务的，仍是《互联网新闻信息服务管理规定》中许可的三类机构。而除此之外，还有数量众多的新媒体，它们既是信息平台，也是经营平台，还是受众的工作、生活、娱乐、社交平台，新媒体也因此具有了综合平台的属性。这也意味着现实空间与虚拟空间的界限越来越模糊，新媒体日益深入地渗透到我们的日常生活当中。随着新媒体在未来的发展，其被定位成平台是恰当的。

（5）产业属性。这是新媒体的经济属性。如今，新媒体早已成为一个规模庞大、受众众多、产品和服务层出不穷、经营手段不断翻新的产业，成为文化产业的一个新门类，随着技术的发展和参与人数的增加，新媒体的产业链条还在不断延伸中。新媒体的商业理念、经营手段、盈利模式与传统媒体相比，都有了颠覆性的变化。例如，新媒体可以提供更多满足垂直领域和个性化需求的服务。新媒体的快速发展给传统媒体带来了巨大的冲击，直接影响就是"分利"。与传统媒体主要依赖发行和广告盈利的模式不同，新媒体发展出了广告、电商、社群、内容收费、众筹甚至"赞赏"等众多盈利方式，盈利能力也大大提升，压缩了传统媒体的生存空间，使传统媒体被迫自我改造，奋起直追。

除了这五个属性之外，新媒体还具有哪些特征呢？许多学者做过总结。例如，桂钰涵将新媒体的主要特点归纳为：交互性与及时性、海量性与共享性、多媒体与超文本、个性化与社群化。彭兰认为，新媒体的主要特征体现在四个方面：数字化、融合性、互动性、网络化。本书在已有的研究成果基础上认为，新媒体的特征主要还是体现在一个"新"字上。具体包括以下三个方面。

（1）新的信息组合。在新媒体时代，人们接触的往往是以全媒体方式呈现的信息组合，新媒体将传统媒体的优势集于一身，全方位满足受众的信息需求，受众可以获得视、听、读、动等多维体验。对受众来说，信息最终以何种载体形式出现，是文字、图片、声音还是图像，主要由受众根据自我偏好及接收条件来决定。也就是说，每个新媒体受众最终接收到的信息内容组合可以是一样的，也可以是完全不同的。

新媒体在内容组合上是这样，在时间组合上也是如此。传统媒体有明确的发布时段，这决定了受众的关注也有时段性。而利用新媒体发布的信息随时随地都在"滚动"，海量信息带来的是受众的阅读时间被碎片化切割。

（2）新的传受关系。在传统媒体时代，由于技术的影响，传统媒体绝大部分是大众化的，也是起主导作用的，不同媒介之间的边界也非常清楚。而新媒体最大的特点是在很大程度上消除了媒体介质之间、地域之间，甚至传播者与接受者之间的边界。新媒体可以做到面向垂直细分的受众，乃至面向个人，这与传统媒体的受众只能被动接受毫无差别的内容有很大不同。

互动性强是新媒体的一个显著特点。尽管传统媒体也有受众反馈机制，但与新媒体相比，那种反馈是被动而微弱的。在使用新媒体的过程中，受众既是信息接受者，也随时可以转变成信息发布者，独特的网络介质使传受之间的关系更加扁平，且可以快速转换，受众通过新媒体的交互可以影响信息传播者，甚至出现受众主导的情况。

（3）新的使用场景。与传统媒体以内容和渠道为主不一样，对于新媒体特别是移动互联网时代的新媒体而言，场景成为关注重点。传统媒体是"一对多"的传播格局，而新媒体更倾向于聚焦某一特定受众群体，由此带来受众对特定内容和特定场景的需求。正是因为有了新的信息组合、新的传播手段、新的传受关系，新媒体可以根据用户的场景需要即时、无限地扩展内容，从而使内容变成"活物"，与具体的场景进行深度融合。特别是虚拟社区、网络社群、兴趣圈层等的出现，使新媒体个性化与社群化的特点更加突出，场景也日益多元化。

新媒体时代媒介形态的融合，除了渠道、内容、手段等融合之外，还体现在大众传播、人际传播、群体传播、组织传播的融合等方面，一种传播行为有时兼具多重性质，面对不同的场景呈现不同的传播特点。

四、新媒体与传统媒体的不同

在人类历史发展长河中，媒体的出现和发展，推动了社会文明的发展进程。每一种媒体形式的诞生，都反映了当时的社会情况和文明程度，在人类历史上发挥了自己独特的作用，并为更新的媒体的出现奠定了基础。与此同时，每一种媒体自身也在不断地发展。

从时间维度来说，新媒体与旧媒体是相对的概念。当下我们所说的传统媒体，主要是指大众媒体，即通过一定的技术条件定期向社会公众发布信息的机构和传播载体，主要包括报纸、期刊、电视、图书、广播等。

这里需要说明的是，如今传统媒体也普遍利用新媒体渠道和平台，但为了对新媒体做出清晰界定，本书强调，主要基于新媒体渠道和平台提供信息和服务的才能称为新媒体。如果某媒体的主要产品和服务还是基于传统媒体渠道，它只是简单地把内容搬到新媒体平台上，或者只是少量地利用新的渠道和平台，那么依然算不上新媒体。

传统媒体相对新媒体而言，具有以下突出特点。

（1）管理上是组织化的。在传统媒体时代，只有权威机构才具有媒体资质。传统媒体发展至今，已经有非常清晰的体制结构和管理机制，组织化程度比较高。而新媒体自产生之日起，就处在激烈的市场竞争中，更加具有活力，管理上也相对处于更加开放的局面。

（2）运作上是专业化的。传统媒体从信息采集、处理、修改到发布，每一流程都有专业人员把关，从而可以创造出原创性强、专业性高的内容。因此，传统媒体往往是品牌、公信力的体现。而新媒体的门槛很低，创作者有一部能联网的手机就能发布信息，新媒体的传播主体、制作流程的专业化程度总体上都很低。

（3）内容生产上是精致化的。传统媒体的从业人员大多是受教育程度较高的群体。即使是完全面向大众的媒体从业人员，其思维、立场、视角往往也是精致化的。而新媒体时代，信息传播几乎没有身份限制，过去是"沉默的大多数"的受众变得积极主动，开始掌握话语权，而且"大众主导"可能带来对受众需求的一味迎合，"草根化"成为主流。这样的好处是"接地气"，但也难免带来泥沙俱下等弊端。

而新媒体与传统媒体相比，也具有一些明显的差异。

（1）边际成本不同。新媒体依靠网络传播信息，边际传播成本很低，甚至接近为零。受众大多数时候也几乎能够免费享受信息服务。而传统媒体采集信息和发布信息都是有成本的，两者在成本结构上有本质区别。

（2）交互程度不同。传统媒体受众很难和作者互动，中间存在一定的阻隔。而新媒体的传受双方互动更加容易和频繁，从而提升了作者和受众（粉丝）之间的黏性。因此，新媒体更倾向于"内容+社交"的互动方式。

（3）内容边界不同。利用传统媒体发布的内容是有边界限制的，报纸的版面、广播电视的播放时长都是有限的，所以创作者必须对内容加以筛选，按照一定的规律加以排列，如按新闻价值的大小进行排版。而利用新媒体发布的内容几乎是无限量供应的，主要按时间流分配信息。

▍五、新媒体应该具有的社会功能

媒体的社会功能一直受到人们的关注。广大学者对传统媒体社会功能的研究，已有很多成果。郭庆光教授在《传播学教程》一书中，系统地梳理了有关观点，其中包括拉斯韦尔的三功能说：监测环境、协调社会各部门、传递社会遗产；施拉姆的传播功能说：守望者的功能、决策的功能、教导的功能、娱乐的功能、商业的功能；另外，拉扎斯菲尔德等学者对媒体麻醉功能等消极作用进行了批判。

我们如今探讨新媒体的社会功能，依然离不开前人的思考和启发。因为新媒体的社会功能既包括其自身具有的独特功能，也包括媒体功能在新媒体领域的体现。概括起来说，新媒体应该具有以下社会功能。

（一）信息传递功能

媒体的基本功能是传递信息，但传递的信息应该是满足人们生产生活需要的有用信息。现在，人们对信息的依赖程度越来越高，好的信息具有使用价值、思想价值或审美价值，对人的作用或帮助很大。如果媒体提供的信息是低价值、无价值的，甚至是负价值的"垃圾信息"，那对人们的损害是很大的，对社会资源的浪费也是很大的。

值得关注的是，新媒体的快速发展在丰富人们生活的同时，也产生着大量"快餐式""碎片化"的无逻辑、低价值信息和内容，带来了一些社会问题。根据 QuestMobile 发布的《移动互联网 2018 半年报告》，中国移动互联网受众对互联网的依赖越发强烈，平均每人每天上网时长近 5 小时，已经赶上互联网从业人员每天的睡眠时长；短视频更是"魔性有毒"，人们看短视频的总时长持续增长，占比达 8.8%。

（二）教育沟通功能

在学校和家庭以外，以媒体为代表的社会文化机构承担着很重要的社会教育功能。媒体通过提供健康有益的文化产品，持续地对社会成员进行教育和熏陶，达到培养人、塑造人的目的。除了社会知识教育和社会角色培养之外，媒体还有社会文化遗产传承的责任。如今大量青少年都是新媒体的深度使用者，新媒体在这方面的作用尤其突出。

与此同时，新媒体还承担着社会沟通功能，通过经济、政治、社会、科技和生活方方面面信息的传递，促进人们相互交换知识、交流信息、借鉴经验，进行人际思想互动，加强整个社会的信息流动和有效沟通。

（三）社会治理功能

媒体的社会治理功能是指媒体积极承担媒介责任，提供民众与政府互动的平台，为社会公众服务。新媒体相比传统媒体而言，其社会治理主体的功能得到更大彰显，集中体现在推动实现公共领域秩序或规则的构建，为政府和社会搭建对等沟通和互动交流的舞台，促进社会的和谐等。新媒体具有广泛性、及时性等特点，能够很好地发挥"社会瞭望者"的作用。

（四）娱乐消遣功能

新媒体提供的文化、休闲、娱乐、游戏等服务和产品，有助于人们缓解紧张情绪，获得艺术享受和精神满足。唱歌、跳舞、登山、滑雪、越野等实体活动，在新媒体时代，也可以通过媒体再现和传播，强化社会参与，成为人们娱乐消遣的重要形式。

但正如美国媒体文化研究者、批判家尼尔·波兹曼在《娱乐至死》（*Amusing ourselves to death*）中指出的，当美国媒体由印刷统治转变为电视统治后，社会公共话语权的特征由曾经的理性、秩序和逻辑性逐步演变为脱离语境、肤浅、低俗、碎片化，一切都以娱乐的方式呈现，人类心甘情愿成为娱乐的附庸，最终成为娱乐至死的物种。当新媒体出现后，这种现象可能达到空前的程度。新媒体在发挥娱乐消遣功能的同时，也带来种种不容忽视的问题，对人们的思想认识、思考方式乃至整个社会文化的发展趋向都将产生影响，这不得不发人深省。

六、新媒体写作素养

在前文对新媒体进行充分阐述的基础上，我们把新媒体写作界定为：经由构思、策划、采写、编辑而形成并发布文字、图片、音视频等多种形态的媒体内容的过程。

由此可见，新媒体写作与以往所说的媒体写作既有一脉相承之处，也有很大差异。它既是"新媒体的写作"，即在新媒体上进行的写作行为，也是"新的媒体写作"，即不同于以往的媒体写作。换句话说，它是顺应媒体形态和传播环境新变化而出现的一种新的写作方式。因此，它具有媒体写作转变与进化的双重含义。

内容属性是新媒体的本质属性。新媒体的新，体现在技术、形式、手段、渠道等多个方面，但最重要的新，应该在于内容的新，就是能够为媒体写作注入新的元素、带来新的价值。而内容的革新，主要来自写作理念和写作方式的革新。这才是新媒体的核心竞争力所在，也是写作作为媒体发展"第一推动力"的体现。

什么样的新媒体写作是好的？或者说新媒体写作应该具有什么样的标准？可以从以下四个方面来衡量。

（1）价值（Value）。新媒体载体的价值，加之所传递信息本身的价值，共同构成了媒体存在的价值。在技术载体人人可得的情况下，信息的价值越发重要。具体来说，就是创作人员要写有用的、有思想的、有正面价值的信息内容。越是在信息泛滥、超载的时代，真正的高质量信息内容越能凸显其稀缺性；越是在人人都是写手的时代，因渠道稀缺性而附生的传播价值日益衰减，内容本身的传播价值则越得到彰显。

（2）原创性（Originality）。在新媒体内容严重同质化、大量内容来自抄袭照搬的情况下，虽然原创的内容门槛很高，创作人员付出的成本很高，但其辨识度和影响力也很高。原创性是新媒体写作的立身之本和发展之源。

（3）效果（Effect）。效果是指在一定环境条件下，主观努力与客观结果构成的一种因果现象。新媒体写作不应该是新媒体写作者孤芳自赏，也不应该曲高和寡，这就意味着新媒体写作者首先要具备对象意识，满足特定读者的需求。当然衡量效果的标准是多维度的，包括经济效益、社会效益等多个方面，新媒体写作者不应该只看流量。

（4）生命力（Life）。一个新媒体作品的价值的高低，就是它的生命周期。媒体产品常常是"速朽"的，新媒体作品更不例外。但这不等于好的作品不能流传久远。真正有生命力的好作品，具有恒久性或前瞻性，更能经受住时间的考验。

社会需要更多的人重视写作，重视新媒体写作素养。因为在当下，几乎每个人都是新媒体的使用者，同时也往往是新媒体的内容提供者。换句话说，新媒体写作是每个人都可以接触和实践的一种行为。所以，写作对个人、对社会的重要性是显而易见的，主要体现为以下三点。

（1）写作是媒体从业人员的必备技能。这一点毋庸赘述。新媒体写作门槛低，相应带来的竞争异常激烈。高超的写作能力是新媒体写作者在新媒体"江湖"中突出重围的必备利器。刚入行的新手，需要掌握这一必备技能以立足。从传统媒体中转行的人员，同样需要理解新媒体写作的独特规律，掌握新媒体写作的"招数"和"门径"。

（2）写作是一个人基本素质和综合能力的体现。写作能力既是一个人的底层能力，是一个人最基础的必备素质，好比大厦矗立的根基、大河流淌的河床；同时，它又决定了一个人的其他各项能力所能达到的高度，是一个人综合能力的"天花板"。新媒体写作者要想写出好的新媒体作品，除了掌握文字技巧和写作手法，还需要有很好的知识底蕴，具备分析综合、逻辑思考、判断洞察等能力，这体现了一个人的学习能力、思维能力和创新能力。如果新媒体写作者具备了这样的能力和素质，就有了不断提升的基础和潜力。

在新媒体领域，新的产品和媒体形态层出不穷，从博客、微博、微信到今日头条、抖音，在眼花缭乱的事物面前，我们不妨沉下心思考一下：哪些技能是我们未来三年还能用得上的？哪些是我们未来十年还有用得上的？最重要的是，哪些是我们一生都用得上的？答案显而易见，只要拥有精湛的写作能力，不管是哪一种媒体产品流行，我们都可以依靠自己的内容原创能力，在最新的领域占有一席之地。

（3）写作是社会理性和公共表达的基础。越是媒体发达的时代，越需要大力提升公众媒介素养，写作素养是媒介素养的重要组成部分。写作能力作为一项社会系统能力，有助于提升社会理性化程度，构建更健康的公共表达秩序和空间。

不管是社会交往，还是公共表达，我们都会用到写作，如写一封邮件，发一个朋友圈消息，或者在一条新闻下进行评论等。写作是我们进行文字构思和表达的过程，也是不断整理思路、拓展思路的过程。通过写作把零星的感悟、片段的思考整合升华成为具有整体性和连贯性的文字，其实就是一个不断打磨思想的过程。在这样坚持不懈的努力下，我们的思考能力会在无形中得到提高。

与口头表达的快捷和即时反馈不同，文字表达更需要沉淀，在写作过程中，我们可以反复回顾和检视，所以写作更有助于人的深度思考。而且，新媒体写作者进行写作的时候是有目标读者的，带着"读者意识"写作，也有助于新媒体写作者提高对读者的认知。

正因为如此，写作是一个人逻辑思维能力的体现。遗憾的是，当下大部分的新媒体写作者缺乏系统、有效的写作训练，表现为逻辑性差，不会说理，易情绪化。网络公共空间中的很多误解、争论，往往源于人们的思维简单化和思想的偏激，表现为人们动辄"贴标签"，把不了解、不喜欢的事物妖魔化、"上纲上线"或随便归类，安上各种污名加以詈骂和指责。这样就偏离了事物的本来面目。

当正面的规范缺位，理性的约束阙如，在网络技术推动下，人们兴奋地陷入一场言语和情绪的狂欢当中。很多人不是寻找真相而是急着寻找阵营，不是看谁说得最有理而是看谁的嗓门最大。这表现为公共表达的参与者们，往往思想偏执却并不深刻，知识芜杂却并无真知，逻辑混乱而远离常识。这大概也是碎片化的二手知识、"鸡汤文"如此流行的原因，是"网络暴民""键盘侠"层出不穷的原因，也是网络霸凌主义等存在的深层原因。

人们只有具备良好的逻辑思维和写作素养，才能在众声喧哗、泥沙俱下的新媒体环境中，不被蒙蔽和误导，获取高质量的信息，积极地参与公共表达，增强理性思考能力。否则，就容易被失真的信息"带歪"，或者被情绪所支配，这样别说成为好的表达者，连成为合格的媒体消费者的资格都不够。

近年来，新媒体领域的伦理失范、把关失职、秩序失控也时有发生，引起了舆论的广泛关注。一些新媒体写作者或者身在其中而不知，或者缺乏社会责任感，只追求流量和经济利益，失去了媒体人应有的情怀、担当乃至操守，放任负面现象的发生。从根本上说，我们也需要从能力建设和伦理建设两方面加大力度。

媒体写作能力的提升，是个人、媒体、社会的多赢。学会写作，学会公共表达，学会说理，从而参与公共事件讨论，参与网络舆论引导，将会影响更多的人学会思考，用客观理性的言论化解戾气，营造更加清朗的新媒体空间。

思考题：

1. 如何成为一个更好的新媒体使用者？

2. 写作素养为什么是新媒体素养最重要的内容？

第二章

新媒体迭代史

本章将主要探讨新媒体发展的历程和主要阶段，及新媒体未来发展的趋势，力求勾勒出新媒体发展的基本时间轴，以及未来可能的图景。

新媒体的出现打破了传统媒体的定式,使人们从信息的接收者变成传播者和生产者,也极大地扩大了信息的传播范围和影响力,从而给媒体行业和社会带来很大的影响。像任何一个新生事物一样,新媒体的发展也是从无到有、由小到大,处于不断更替变化的过程中。

一、新媒体的发展阶段

从新媒体内容的变化角度,有人把新媒体发展历程总结为 4 个 "S":第一个阶段:门户主导——See,第二个阶段:搜索主导——Search,第三个阶段:分享时代——Share,第四个阶段:社交时代——Social。而根据使用主体及受众群体的变化,新媒体的演进历程可划分为精英媒体阶段、机构媒体阶段和大众媒体阶段。

（一）精英媒体阶段

由于新媒体的使用需要依托一定的技术条件,因此在新媒体诞生后的相当一段时间内,仅有为数不多的群体有机会接触新媒体,并使用新媒体传播信息。这部分人多数是媒介领域的专业人士,或具有较高的文化素质和技术能力,因此这一时期是精英媒体阶段。

早期使用新媒体的人群在媒介受众群体中属于少数,他们具有前卫的媒介传播意识,也掌握着更先进、更丰富的媒介资源,是新媒体的第一批受益人群。

（二）机构媒体阶段

随着新媒体的继续发展,其作用日益得到体现,并对传统媒体产生一定影响,这时以专业媒体为主的机构开始大量使用新媒体作为传播手段。一些新闻网站的出现,日益改变着人们的信息获取方式,并与传统媒体分庭抗礼。与此同时,传统媒体也开始建设自己的新媒体部门,利用新的技术方式拓展自己的信息传播渠道。

具体来说,机构媒体的发展又经历了以下几个不同的时期。

第一个时期,传播信息的渠道从纸媒、电视、广播转移到互联网,信息还是原来的信息,但渠道发生了变化。这是机构媒体的初级阶段。在这个阶段,不管是门户网站还是传统媒体的新媒体部门,哪怕流量很可观,也无法靠新闻信息订阅或广告的模式盈利,而是靠游戏、微博、视频或会员等其他方式盈利。

第二个时期,转载新闻或少量生产新闻的门户网站开始转型,推出交互化功能,推动媒体的社交化发展。一些专业的网站专注于某一个垂直领域,让 "意见领袖" 和 "专业人士" 有了用武之地。它们依赖技术上的创新,挖掘碎片化的信息,加快内容的传播速度,更新了内容的传播方式,其传播效率和效果得以提升。

第三个时期，信息内容逐渐产品化，人们采用新颖的媒体形式，对选题和内容进行策划，使其与产品设计和市场营销相结合。这个阶段对内容生产者的能力提出了更高的要求，传播内容也不再局限于新闻，而是有了更丰富的表达。这个阶段的媒体不再是"内容为王"，而是变成了"产品为王"，内容生产者融入媒体的经营中。评判内容好坏的标准，不再仅仅是内容话题本身，还包括它是否迎合了读者的需求，是否能给媒体带来受众量的增长。这也说明，未来的机构媒体将不仅是新闻内容的整合者，而且是信息内容的生产者。同时，"产品为王"还将使内容通过多渠道、多平台进行发布，内容生产者将不只是在自己的平台内部传播信息，还将充当"通讯社"的角色。

（三）大众媒体阶段

新媒体大规模发展并得到普及，其发展就进入了大众媒体阶段。时至今日，以手机等移动设备为主的新媒体工具已为广大受众所拥有，利用新媒体传递知识、信息也成为媒介传播的一种常态。

新媒体由精英媒体向大众媒体发展，离不开媒介技术进步所带来的传播成本的下降，新媒体以更低廉的传播成本、更便捷的传播方式及更丰富的内容，而成为一种大众媒体，其传播的内容及形态甚至改变了人们的生活方式，以及人们对传播媒介的理解。

在大众媒体阶段，以往没有占据媒体资源和平台的个体，开始逐渐通过新媒体平台来发表自己的言论和观点，将其通过微信公众号、微博、社群和短视频等平台展示给受众，这是新的媒体发展阶段的一个标志。

二、中国新媒体发展的变化趋势

从参与主体、生产内容、生产关系和生产力等角度分析，新媒体的内容生产和传播方式在以下几个方面呈现出新趋势。

（一）在参与主体上，传受端均呈现多元化格局

从发布主体来说，信息传播正在从专业媒体主导的精英传播向社会广泛参与的大众传播转变，内容供给主体多元化，包括媒体机构、政务发布、自媒体。传播媒体基本形成"两微一端"（微信、微博、新闻客户端）布局，政务发布基本形成覆盖中央部委、省、市、县四级发布体系；同时不容忽视的是，2018年自媒体从业人员已超过300万人。

从地域来说，新媒体的覆盖范围由局部到全局，由大城市到城镇、农村，新媒体覆盖的范围和人群已经越来越广泛，渗入社会的大部分角落。工业和信息化部相关数据显示，2018年我国移动电话用户达到15.7亿户，这其中大部分是新媒体受众。

（二）在生产内容上，新旧叠加带来快速嬗变

从新媒体内容来说，由可读到可视、可听，由静态到动态，由一维到多维，正成为新媒体内容演进的重要方向。短视频将成为未来主要的传播形态。随着网络速度的大幅提升，拍摄、制作、上传短视频的门槛大大降低，短视频将迎来爆发式增长，并不断发展一些新的业务形态，如流媒体视频服务。短视频平台的纷纷崛起会带动相关产业迅速发展并创新信息传播方式，为受众的参与提供更多的方式。

媒体形态由单一到复合，新媒体的表现形式使各种媒体形态和传播手段更加紧密地融合。除了已经出现的文字、图片、音频、视频等传播形式之外，随着技术的发展，还将出现更加丰富的传播形式。媒介的发展越来越人性化，具有可触、可感特性的传播形式已然进入了我们的生活。保罗·莱文森认为，任何一种后继的媒介，都是对过去的某一种媒介或其某一种先天不足功能的补救和补偿，但这种补偿又会产生新的缺陷。在此基础上，保罗·莱文森指出，人可以对技术进行理性选择，能够主动去选择和改进媒介。

（三）在生产关系上，媒体重构带来模式变化

媒体服务方式正在重构，泛资讯内容正在快速拓展。传统媒体提供的信息内容更多是新闻性的、观点性的，具有相对的严肃性。而在新媒体环境下，受众主要使用的包括手机在内的移动终端，是一种伴随性、生活化的媒介形态，承载的内容注定和传统媒体不完全一样。特别是近年来社交媒体和算法推荐的流行，助推了碎片化、消费属性的泛资讯内容的快速拓展，在满足受众信息消费需求的同时，也带来了过度娱乐化、真伪难分等问题，如何提高泛资讯的质量依然有很长的路要走。

传受关系正在重构，媒体的影响力取决于其对受众的吸附力。新媒体时代，媒体和受众的关系从单向灌输向双向互动转变，媒体和受众之间随时都要进行信息、观点、情感的交流，甚至出现了微信、微博、抖音、快手这样完全由受众提供内容的平台，媒体与受众的关系日益成为信息传播的共同体、价值判断的共同体、情感传递的共同体关系。可以说，受众的停留时长、参与程度是平台对受众吸附力评价的重要指标，是构成媒体传播力、引导力、影响力、公信力的基础。

商业模式正在重构，付费阅读成为值得探索的新模式。与传统媒体主要依靠广告盈利不同，新媒体的收入很大一部分来自付费阅读。受众在海量信息中寻找有价值的内容，并为此付费。相关数据显示，我国知识付费市场规模 2017 年达到 49.1 亿元，随着供给方和消费者规模的不断扩大，2020 年市场规模将增长至 235.1 亿元。但付费阅读要得到持续健康发展，依然受到两个方面的制约：一是我国互联网免费模式由来已久，较难改变；二是互联网内容生态中真正值得付费的优质内容仍然十分稀缺。

（四）在生产力上，技术赋能作用日益突出

算法推荐正在改变信息传播的逻辑和规则。传统媒体的目标受众更多是某一群体，而新媒体的受众是一个个的个体。从千人一面到千人千面，决定内容分发的路径、效率的关键在于算法推荐。从趋势上看，算法不但是一种技术，更是信息传播的一种方法论。未来一个平台的竞争力将取决于数据、计算能力和算法，平台对海量的内容数据和受众数据进行加工和匹配，这将成为未来信息传播的新规则。

人工智能（Artifical Intelligence，AI）由概念进入实操阶段。媒体和人工智能技术的结合已经由早期的概念进入产品形态，智能推荐、语音识别、智能传感器等技术的应用正在重塑内容生产和传输的各个环节。从某种意义上讲，移动互联网已经进入"下半场"，智能移动互联网正蓄势待发。

平台化赢得竞争优势。在资本、技术的推动下，新媒体的受众、流量呈现出新的趋势，少数的头部产品瓜分了移动资讯大部分的市场份额。事实证明，优质内容不一定能提升平台影响力，缺少影响力的平台很难掌握话语权。因此，我们应努力引导新媒体向平台化方向发展，搭建兼具主流价值和创新活力的内容生态体系。

延伸阅读

中国社会科学院预测的新媒体发展十大趋势

2019 年 6 月 25 日，中国社会科学院新闻与传播研究所和社会科学文献出版社共同在京发布了《新媒体蓝皮书：中国新媒体发展报告 No.10（2019）》，预测了中国新媒体发展的十大趋势：第一，数字经济成为我国经济高质量发展的核心动力；第二，人工智能和 5G 商用将开启智能互联新时代；第三，以短视频为代表的网络视频业发展势头强劲；第四，工业互联网蓬勃发展，传统产业加速数字化转型升级；第五，互联网巨头多向布局，竞争边界模糊；第六，网络空间主流意识形态建设将得到进一步加强；第七，信息消费将成为最具活力的消费领域之一；第八，新零售向深层次数字化发展；第九，粉丝经济成为互联网经济的重要商业模式；第十，网络扶贫持续走向深入。

思考题：

1. 未来新媒体发展趋势中，你认为哪些是值得关注的？

2. 如果你是新媒体从业人员，如何让自己及所在的媒体组织更好地适应新的变化趋势？

第三章
技术带来改变

　　新媒体获得蓬勃发展，离不开技术的引领。本章将对互联网技术的发展进行简要回顾，分析技术对媒体形态和传播方式的影响，以及新媒体技术发展的趋势。

回顾人类传播史，我们不难发现，技术的发展起着杠杆作用。信息技术的每次创新，都带来了信息传播的变革，每一次变革都给人类的政治、经济、文化和社会生活带来很大的影响，推动着人类文明不断向更高层次迈进。以互联网为代表的技术发展，使新媒体获得了与传统媒体完全不同的技术环境，技术也给媒体的发展带来了很多改变。

一、互联网技术的发展

互联网进入我国 20 多年来，其快速发展给我国社会方方面面带来了巨大的影响。

（一）互联网发展的三个阶段

回顾互联网技术的发展历程，有人把它分为互联网技术的初步探索、网络信息化建设的持续推进、网络基础设施的不断完善、互联网建设和应用的跨越式发展，以及互联网发展探索的积极推进五个阶段。而从互联网推动媒体发展的角度，我们可以把我国互联网发展分为以下三个阶段。

（1）从 1999 年到 2008 年，称为互联网的探索成长期。这一阶段，从网易、搜狐、新浪、腾讯这四大门户的创立到百度搜索引擎的开发，再到社交网络与电子商务的兴起，互联网打开了一个全新世界的大门。

（2）从 2009 年到 2014 年，称为互联网的快速发展期。标志性事件是工业和信息化部向中国移动、中国电信和中国联通发放了 3G 牌照，中国电信业正式进入 3G 时代，移动互联网的快速发展带来更加巨大的变革。微软网络服务（Microsoft Service Network，MSN）、人人网、开心网、QQ 等社交网络服务（Social Networking Services，SNS）网站空前活跃，"双 11"活动强势开启。随后，智能手机的普及，进一步满足了中国网民对移动互联网的需求。2012 年，手机网民数量首次超过计算机网民数量。而随着微博、微信的上线，以及滴滴出行"网约车"的普及，互联网已经渗入人们的衣食住行。

（3）从 2015 年到现在，互联网进入成熟繁荣期。2015 年，4G 牌照发放，中国建成世界上最大的 4G 网络；同年，我国提出"互联网+"国家战略，而后逐渐从"互联网+"时代进入大数据时代。这一阶段经历了滴滴与快的、58 同城与赶集网、美团与大众点评、携程旅行网与去哪儿网的四大线上到线下（Online to Offline，O2O）平台合并。之后直播、短视频的兴起，共享经济时代的到来，零售业的新发展，自媒体的爆发，微信小程序的面世，知识付费的普及，再到社交电商元年的到来，让互联网世界和新媒体活力焕发。

（二）"互联网+"推动数字经济发展

在快速发展的 20 多年，互联网由原来单一的信息服务，到技术与经济逐步融合，再到对传统产业的信息化改造，推动中国经济快速发展。据统计，2018 年我国数字经济规模已达 31.3 万亿元，占 GDP 的比重为 34.8%，数字经济成为我国产业发展的重要组成部分。这说明由于互联网技术的飞速发展，我国数字经济产值不断攀升，数字经济已经成为我国经济发展的支柱产业。

进入移动互联网阶段后，互联网已渗透到社会的多个领域，"互联网+"成为我国经济社会的创新引擎。"互联网+"理念代表着一种新的经济形态，它倡导互联网信息技术与传统产业的深度结合，促进传统产业的业务体系、商业模式的变革，推进传统产业的经济转型和升级，提升经济生产力。

目前，"互联网+创新"几乎成为所有传统产业的标配，在社交、消费、娱乐、办公、出行、医疗、金融等方面产生了巨大的影响。在社交领域有行业巨头微信、微博，消费领域有淘宝、美团，娱乐领域有直播和短视频，出行领域有滴滴和共享单车等。在"互联网+"行动的影响下，我国互联网正式走出虚拟经济，"互联网+创新"成为我国经济社会创新的重要驱动力量。

（三）互联网的发展趋势

一是互联网与传统产业联合。近年来，传统产业基于互联网的升级已成为趋势。而随着未来科技的进一步成熟，我国传统产业将迎来更大的冲击，同时其影响范围也将更广。在人工智能、物联网等技术日渐成熟的背景下，传统产业在生产效率、商业模式、产业形态、市场营销等方面都将实现重要变革，从而实现快速升级。

二是以技术推动为核心。相较于互联网发展初始阶段，在现阶段，利用互联网实现业务模式创新成为行业主流，在新技术不断完善后，各行业将迎来技术创新阶段。人工智能、虚拟现实、生物科技等技术的革新，将成为企业布局的重点领域。

三是竞争全球化。我国在人口条件、网络条件等方面都为互联网及新经济产业提供了良好的市场条件。未来在产业全球化的背景下，竞争全球化或将成为新经济产业的市场主旋律。未来我国互联网产业竞争的舞台将不再限于国内，全球市场的竞争将是必不可少的。

四是产业边界拓展与升级。经过 20 多年的发展，互联网产业早已不再作为单一产业形态推进。互联网技术的发展，不仅大幅提升了大众信息沟通的效率，同时也重构了许多产业的服务链条。随着互联网产业的不断扩展，包括智能终端、工业机器人、自动驾驶、企业服务等在内的产业顺势升级，由此衍生出新经济产业形态。未来随着 5G 网络的推行，新经济产业将迎来令人瞩目的创新潮流。

延伸阅读

中国互联网大事记

1998年，门户元年，网易进入门户领域，搜狐、新浪、腾讯成立。

1999年，电商元年，当当、阿里巴巴成立。

2000年，门户上市年，网易、搜狐、新浪在纳斯达克上市。同年，百度成立。

2001年，互联网泡沫破灭。

2004年，腾讯、盛大上市。

2007年，京东转型自营电商，凡客成立。

2008年，苹果发布iPhone 3G手机。

2009年，新浪微博成立，淘宝首次举办"双11"活动。

2010年，美团成立。

2011年，小米手机发布，微信诞生。

2013年，微信发布公众号。

2014年，微信发布红包功能，京东、阿里巴巴上市，滴滴与快的竞争。

2015年，滴滴与快的合并，美团与大众点评合并，阿里巴巴收购优酷、土豆，阿里巴巴与苏宁合作。

2016年，滴滴与Uber中国合并，ofo、摩拜成立，谷歌AlphaGo战胜李世石。

2017年，电商进入新零售时代，微信小程序发布。

2018年，美团、小米、拼多多上市。

2019年，5G开始商用。

二、新技术催生新媒体

互联网技术的发展，使媒体呈现出与以往不同的形态，催生出更加丰富的新媒体。

（一）互联网新媒体

互联网新媒体包括网络电视、博客、播客、视频、电子杂志等。

网络电视（Internet Protocol Television，IPTV）是指以宽带网络为载体，通过电视服务器将传统的卫星电视节目经重新编码成流媒体的形式，经网络传输给受众收看的一种视讯服务。网络电视具有互动个性化、节目丰富多样、收视方便快捷等特点。

博客（Blog）指网络日志，是一种个人传播自己的思想，带有知识集合链接的发表方式，也指在虚拟空间中发布文章等各种信息形式的过程。博客有三个主要作用：个人自由表达和发表内容、知识的过滤与积累、深度的交流沟通。

播客（Podcast）通常是指自我录制广播节目并通过网络发布的方式。

视频（Video）泛指将一系列的静态影像以电子信号的方式加以捕捉、记录、处理、储存、传送与重现的各种技术。根据视觉暂留原理，人眼无法辨别单幅的静态画面，连续的图像变化每秒超过 24 画面以上时，看上去是平滑连续的视觉效果，这样连续的画面叫作视频。同时，视频也指新兴的交流、沟通工具，是基于互联网的一种设备及软件。受众可通过视频看到对方的样子、听到对方的声音。视频是可视电话的雏形。视频技术最早是为了电视系统而发展的，但是现在已经出现了各种不同的格式。网络技术的发展也促使视频的记录片段以串流媒体的形式存在于互联网之上并可被计算机接收与播放。

电子杂志（Electronic Magazine）一般是指利用 Flash 的方式将音频、视频、图片、文字及动画等集成展示的一种新媒体，因展示形式如同传统杂志，具有翻页效果，故名电子杂志。一般一本电子杂志的数据量比较大，小则几兆字节，多则几十兆字节、上百兆字节，因此，一般电子杂志网站都提供客户端订阅器，提供杂志的下载与订阅。电子杂志是 Web 2.0 的代表性应用之一。它具有发行方便、发行量大等特点。

（二）手机媒体

手机媒体是指借助手机进行信息传播的工具。随着通信技术（如 4G）、智能技术的发展与普及，手机逐渐成为具有通信功能的迷你型计算机。手机媒体是互联网媒体的延伸，除了具有互联网媒体的优势，手机还具有携带方便的特点。特别是智能手机出现后，其允许受众自行安装软件、游戏、导航等第三方服务商提供的程序，受众通过此类程序来不断对手机的功能进行扩充，并可以通过移动通信网络来实现无线网络接入。

手机媒体真正跨越了地域和计算机终端的限制，能够做到新闻的同步接收；接收信息的方式由静态向动态演变，受众的自主地位得到提高，受众可以自主选择和发布信息，信息的及时互动或暂时延宕得以自主实现；人际传播向大众传播发展，实现了人际传播与大众传播的完美结合。

虽然发明手机的主要目的是帮助人们进行语音通话，但是手机与互联网的结合已经使手机成为一个重要的大众传播媒体。人们通过手机不仅可以通话，还可以上网阅读新闻、收发邮件，进行游戏娱乐、商品订购等。

手机媒体中最流行的内容形式是短视频。伴随着 4G 的发展，短视频在 2017 年开始迎来爆发。头部短视频平台在智能手机、4G 网络普及的机遇期迅速发展，在年轻群体和下沉市场中收获大量受众。相关数据显示，2019 年短视频受众规模达到 6.48 亿人（数据来源于中国网络视听发展协会发布的《2019 中国网络视听发展研究报告》）。

（三）数字电视

数字电视是指从演播室到发射、传输、接收的所有环节都使用数字电视信号的全新电视系统,该系统所有的信号传播是通过由 0 和 1 数字串所构成的数字流来传播的。数字信号的传播速率是 19.39 兆字节/秒, 如此大的数据流传递保证了数字电视的高清晰度,克服了模拟电视的先天不足。

（四）户外新媒体

户外新媒体是指有别于传统的户外媒体形式（广告牌、灯箱、车体等）的新型户外媒体。户外新媒体以液晶电视为载体,如楼宇电视、公交电视、地铁电视、列车电视、航空电视、大型 LED 屏等,主要是新材料、新技术、新媒体、新设备的应用。它也可以是与传统的户外媒体形式的结合,从而使传统的户外媒体形式有质的提升。

三、新媒体技术发展趋势

未来新媒体的发展,会更加依赖于科技,主要包括:网络技术（5G 通信技术）、人工智能技术、虚拟现实与增强现实技术、大数据技术等。

5G 通信技术对于新媒体的发展是必不可少的,大量的数据传输如何在短时间内完成,这对于网络环境的要求非常高。5G 是开始,未来 6G、7G 将延续这种优势。关于 5G 的发展,本书第六部分还将专章论及,这里不做过多论述。

（一）人工智能技术

2017 年被称为"人工智能"元年。皮埃罗·斯加鲁菲（Piero Scaruffi）曾指出人工智能与机器人写作是未来媒体十大发展趋势之一。现阶段,人工智能技术在传媒上的应用主要体现在新闻生产和新闻分发方面。

在新闻生产方面,"机器人写作""智能化新闻"等是人工智能渗入新闻行业的具体表现。目前,智能化在新闻行业的运用还处于初级阶段,机器人从事的工作也是简单重复的基础工作,其不具备价值判断能力。但随着人工智能技术的发展和机器自我学习能力的提升,未来的"机器人写作"能力将不断提高。

在新闻分发方面,机器算法的智能分发和个性化推荐是人工智能技术对传统内容分发的变革,未来机器算法还会参与到创作、审核、互动过程中,机器算法所拥有的强大力量也使以受众为导向的新闻、信息生产趋势正在形成。

但值得注意的是,尽管机器算法提高了信息整合与传播的效率,其中潜藏的问题也不应忽视:一方面,由机器算法衍生的"信息茧房"（信息茧房是指人们的信息领域会习惯性地被自己的兴趣所引导，从而使人们将自己的生活桎梏于像蚕茧一般的"茧房"中的现象。由于信息技术提供了更自我的思想空间和诸多领域的巨量知识，一些人还可能进一步逃避社会中的种种矛盾，成为与世隔绝的孤立者）效应会令受众逐渐失去对外界的全面感知；另一方面，机器算法的运行参数由开发人员进行设计，并根据具备特定价值观或利益预期的受众进行配置，开发人员的价值观和预期也将渗透于机器算法的设计与功能之中。这意味着开发人员需要更加敏锐地察觉由机器算法所带来的风险与问题，对其所带来的信息偏见与不均衡问题产生警惕。

（二）虚拟现实与增强现实技术

与新媒体所构建的符号化虚拟环境不同的是，虚拟现实（Virtual Reality，VR）与增强现实（Augmented Reality，AR）技术为受众直接体验三维虚拟世界提供了途径，使受众置身于临场环境中。媒体运用VR/AR技术所生产的"沉浸式新闻"，为受众营造了一种"身临其境"的现场感。VR/AR技术正在逐步迈向发展成熟的过程中，利用VR/AR技术进行视觉传播的新媒体报道也逐步得到受众的认可，但VR/AR技术要成为下一代移动互联网的"主角"，仍有相当长的路要走。此外，人们也要注意到，VR/AR技术隐藏着巨大的信息安全、信息失真等风险，易陷入伦理困境，因此需要理性和审慎地对待。

（三）大数据技术

大数据（Big Data），或称巨量资料，指的是所涉及的资料数量规模巨大到人们无法通过目前的主流软件工具在一定的时间内进行撷取、管理、处理的数据集合，是需要采用新的模式进行处理才能整理成为帮助企业进行经营决策、产生更佳效果的资讯。大数据具有4V特点：Volume（大量）、Velocity（高速）、Variety（多样）、Value（价值）。

大数据技术让我们利用以前所未有的方式，通过海量数据的分析，获得新的认识和更强的洞察力。在新媒体领域，企业通过庞大的数据库，对数据进行处理，得到受众的行为数据，更加精确地进行产品投放和推荐产品。

总的来说，诸如人工智能、虚拟现实与增强现实、大数据等新技术正推动着传媒生态、业态的重构，但人们的技术焦虑也随之产生。技术的发展不会停止，相对于"焦虑"而言，重要的是要在技术创新中彰显"人的主体价值"。

思考题：

1. 技术进步会对未来新媒体的发展产生哪些影响？

2. 如何看待技术进步带来的正面价值和可能的负面价值？

第四章

不同以往的阅读方式

在新媒体环境下，媒体内容的供给发生了新的变化，呈现出与以往不一样的特点，与此相应的是受众的阅读方式也有所不同。这是理解新媒体写作的重要背景，也是内容生产者需要把握的新趋势。

当今的媒介环境正在变化，受众对信息内容的要求也在变化，这就意味着新媒体内容的生产者，需要思考和把握新媒体的发展趋势，调整媒体内容的供给策略，做到与时俱进，满足和引导读者的需求。

▍一、内容供给端的变化

与传统媒体相比，新媒体在内容供给端呈现出以下不同的特点。

（一）读者分析：对象化写作

根据读者对象的不同，可以把写作分为三种：面向大众的写作称为公众化写作，过去的传统媒体写作更多是这一类；只为自己或少数人的写作，称为私人化写作，如写日记、写信等；针对特定读者对象的写作，称为对象化写作。新媒体写作很大程度上是对象化写作，面向的是特定读者群体。这个特定读者群体，可能是作者一开始就设定好的，也可能是作者在与读者互动的过程中慢慢确定下来的。

新媒体写作一般有相对明确的读者边界，不会面向全部的公众，也不会只针对极少数人，而是作者会在客观分析自身和读者的基础上，自觉确定目标读者范围，针对特定年龄、特定地域、特定性别、特定价值观、特定动机、特定习惯的读者。例如，《写给中国大学生的七封信》，很明显是写给大学生的；《新手妈妈必读》，一眼就能看出是写给新手妈妈的。

在新媒体时代，内容创作者主体已趋多元化，每个受众都可能成为一个传播中心或发布主体，受众通过信息终端就能便捷地生产内容，通过微博、微信、短视频、直播等渠道生产和传播信息内容，这种便捷的参与方式和信息传播的及时性提高了更多个体参与创作的积极性，受众的活跃度得到显著提高。

创作主体多元化必然引起内容生产数量的增加，同时受众接收信息后对信息进行改造创新，作为新的传播主体与其他人共享信息内容（转载），引起内容生产的极速增长，从而带来信息的过载和内容同质化，如何生产更好的信息内容是新媒体信息生产者面临的巨大挑战。其中最重要的一点，就是注重读者分析，提高内容的针对性，提供特定读者需要的内容，避免千人一面。

（二）细分市场：内容聚焦

进行读者分析的目的是细分市场定位。每个新媒体都有自己细分的目标市场。例如，同样是介绍电子产品，有的新媒体侧重于产品测评和比价；有的侧重于介绍不同的品牌，为用户提供试用机会；有的侧重于分享使用方法和应用技巧；有的侧重于进行深度分析和趋势介绍；还有的侧重于讲作者的心得和故事。同一个领域，不同定位的新媒体会呈现截然不同的内容。

读者分析和细分市场定位就像一面旗帜，确定了新媒体写作的方向。也就是说，如果作者希望媒体内容能吸引读者，则所有写作的内容都需要围绕这个方向。新媒体通过持续输入特定类型的内容，使读者形成阅读习惯，并对该媒体产生特定的期待。在定位上，作者要把握住细分领域，内容只有足够聚焦，才能产生足够大的影响力。这不但是对新媒体规划的要求，也是对新媒体写作过程的要求，新媒体文章必须有具体的指向，才能更好地被读者认可。

（三）目标导向：有用性

新媒体写作最大的一个特点就是作者要坚持目标导向，就是能给读者带来什么，简称有用性。这种有用性，可以是物质上的，可以是情感上的，也可以是知识或精神上的，总之要让读者得到有益的东西。或者我们可以把这种有用性理解为让读者愿意付出时间、精力和注意力的交换价值。

作者要认真考虑的问题是：一篇文章对于读者的意义到底在哪里？是帮助读者学习一个新知识，是帮助读者做了内容的汇总，是提供增量信息或有价值的观点，还是通过有意思的文字给读者带去欢乐？作者只有做到其中的一点或几点，创作的内容才是有价值的。有数据显示，84.2%的读者认为深度和专业是好内容的首要条件，其次是内容的及时和准确。例如，行业热点出来之后，作者第一时间对热点的分析和解答，给读者带来高质量内容非常关键。相反，很多"鸡汤类"的公众号文章，可能会在短期内煽动大家的情绪，快速吸引很多读者，但是围观过去之后，并不能提升新媒体本身的价值。

从某种意义上说，这也是内容产品的商品化属性越来越明显的体现。进入自媒体时代，作者要致力于在读者和媒体之间形成一种更加相互依存的关系。内容即产品，不管是个人媒体还是平台媒体，都是可以通过各种手段变现而产生收益的，平台媒体只有吸引更多的作者加入新媒体创作中来，拥有更多优秀作者提供优质内容，才能吸引更多粉丝关注。媒体与粉丝互为资源，成为通过内容连接在一起的价值共享的利益共同体。读者对内容首次付费的驱动因素，大多是因为内容质量好，而那些粗制滥造的内容会被读者抛弃。只有高质量、深度解析、足够专业的内容，才有可能促使读者付费。

（四）用户参与：强交互

什么是读者？读者在读完一篇文章以后，和作者不需要保持任何关系。什么是用户？用户在购买产品以后，依然与商家保持联系。简单来说，一种不需要维持关系，而另一种需要长期维持关系。新媒体需要把读者当作用户，强化与读者之间的互动，提升读者的参与感。

高互动性、强参与感，是新媒体的一大特点，也是新媒体相较于之前的媒体形式最大的改进。目前，很多人看文章的乐趣在于看留言，看新闻的乐趣在于看评论，看视频的乐趣在于发弹幕消息，读者越来越希望成为内容生产的合作方，而不仅是一个信息接收者。

新媒体写作中的读者互动主要包括两部分内容：一是作者接收读者反馈、回答读者提问，让读者有被关注和照顾的感觉；二是作者根据读者的反馈调整自己的内容，提供更有价值的内容。

（五）时效优先：蹭热点

新媒体写作有一个很显著的特征，那就是内容的时效性特别强。

什么样的内容有热度呢？一般跟新闻热点有关的内容会引起读者更多的关注。作者让自己创作的内容结合时事新闻，以热点新闻做引子，结合自己创作内容的定位，转到叙述自己专业领域的事情上，这在新媒体写作中叫作蹭热点。

蹭热点最关键也最困难的是找到热点的角度。娱乐新闻、体育赛事、重大政策、时事要闻等都可能是热点，但如何将这些热点转到自己想说的话题上去，并做到独树一帜，这个是很不容易的。所以说蹭热点也是一把双刃剑，有时作者选取的角度不合适，将很有可能成为众矢之的。

（六）自传播属性：阅读社交

新媒体内容具有自传播属性，并形成相应的阅读社交关系，这是其与传统媒体内容的不同之处。过去人们看一篇文章，看完后文章一般只在少数人之间传阅，不会形成大规模传播。而在新媒体上，读者随手就能转发文章，文章的传播范围可以很广，链条可以很长，有时候"爆款"文章可能会有几百万、几千万的阅读量。这些阅读量很多是由读者转发带来的，读者在阅读的同时，还会进行互动、评论等，从而形成了一个社交场。

什么样的内容转发量高呢？内容的转发需要内外两种推动力。外在推动力是指有人促成转发，如转发给朋友或设置转发激励，这是较常见的推动转发的方式。内在推动力是指内容自身的传播性，好的内容自带传播力，在没有外界要求或激励的情况下，读者愿意自主转发。一般来说，内在推动力能让内容传播得更广，因为好的内容可以通过新媒体上的社交关系影响更多的人。所以，新媒体内容的自传播属性越强，产生的阅读社交就越广。

新媒体当中的人脉链传播改变了传统媒体中信息的传播模式，把每一个读者都变成了传播的载体，读者既是受众同时又是内容的传播者，这样的传播效力可以无限放大，甚至形成几何级数增长。通过人脉关系链的传播，内容发布者可以在不增加任何成本的情况下，提升内容的传播量和媒体的影响力。

（七）风格化：调性差异

过去我们评判一篇文章时，最基本的评判叫作语言通顺、文笔流畅，这意味着该文章达到了写作的基本要求，让人看着舒服；进一步，我们评判文章深入浅出、扣人心弦，这意味着该文章在叙事和语言上达到了比较好的水平，让人愿意深入了解；再进一步，我们评判文章跌宕起伏、发人深省，这意味着该文章至少在价值观传达和逻辑上让人有所思考；我们评判文章震撼心灵、超凡脱俗，那就意味着该文章在各方面都有比较好的表现，已经带给读者巨大的心理冲击了。

但对于新媒体来说，好内容的标准似乎没有那么复杂，也许一个标准就够了，那就是"有风格"。什么叫风格？其实就是作者创作的文章要有自己独特的调性。

风格化看起来很容易，但却很难模仿，因为风格化的背后需要作者扎实的写作基础做支撑，包括如何搜集资料、如何练习叙事方法、如何掌握行文逻辑、如何锤炼语言等。有了这些扎实的基础，作者才有形成写作风格的可能。

读者在收看一个新媒体的内容时，最希望的感觉就是自己是在与一个鲜活的人产生联系与互动。试问谁愿意跟一个死板的"机构"对话呢？风格化意味着赋予新媒体人格化特征，增强读者的印象，从而使新媒体更有黏性，更有活跃度。例如，一个微信公众号的人格化设定是体贴的"暖男"形象，面向的群体80%是女性，那么运营者不会忽视每一个需要安慰的女性，至少会认真回复每一条留言，从而树立和维护好"暖男"的形象，增强读者的信任度和黏性。

（八）多媒体：系统性和创造性

传统媒体写作就是写文章，因为内容就是文字的组合，对于一篇文章，作者可以发挥的空间就是组织字、词、句，再加上图片，做到图文并茂。新媒体写作扩展了写作的空间，作者在一篇文章里可以配图、配音乐、配视频、引用其他文章、进行各种排版、做动画效果等。过去，写完一篇文章后要经过美工、编辑、后期等，但在新媒体写作中，这些事一个人就能完成。

多媒体的出现丰富了新媒体内容的表现形式，也更符合现在读者的需求。例如，以最简单的排版来说，过去的文章排版方式要么顶格，要么段首空两格，现在很多新媒体文章采用居中排版，以短句子和多个段落实现文章内容的快速转折。

新媒体写作有很强的系统性，而更重要的是新媒体写作有极强的个体差异性，每个人都是独一无二的作者，不只因为每个人的阅历不同，也因为每个人理解写作、参与写作的程度不同，这也意味着新媒体写作需要作者的创造性更强，才能创造出更加具有特色的内容。

二、阅读需求端的变化

在内容供给端发生种种变化的同时，阅读需求端也同样在发生变化。

（一）碎片化：消解"长逻辑"

新媒体内容阅读的一个很大特点就是碎片化。这种碎片化，既指内容的碎片化，也指阅读时间的碎片化。从内容角度来说，新媒体更多的是传递资讯，满足受众的即时需求，容易让人形成"浅阅读"或"快餐阅读"，这种特质会造成新媒体内容流于表面，其承载的思想内容也会受到影响。从时间角度来说，单位时间内，读者在不同的内容间切换注意力，造成阅读时间被分割，很难集中注意力进行深度思考和专注阅读。

传统媒体的内容具有一种"长逻辑"，不管是思想表达上、内容深度上，还是专注性上都是如此，这样容易让读者对一些事物形成比较深入的观察和思考，形成完整的知识体系。而当新媒体的"碎片化阅读"或"浅阅读"铺天盖地包围人们时，这种"长逻辑"不断地被消解，源于"时间短"和"深度浅"而产生的焦虑现象越来越普遍。读者或受众明明在网上花费了大量的时间，却感觉远远没有获得自己所期待的提升，阅读的质量达不到预期，但是，时间已经用掉了。因此，碎片化阅读是否真的能帮助人们获得更多有效信息的疑问越来越多，引发的相关讨论也越来越多。

商业嗅觉敏锐的人捕捉到了读者的这种情绪，发现了商机，针对读者这种普遍的焦虑，制作了各类五花八门的课程，这些课程的核心卖点大多是"解决你的知识焦虑"。采用这种模式是否有足够的效果，每个人有自己的感受，但从社会整体知识增长的角度来说，我们还很难得出结论。从读者阅读的角度来说，读者如果能意识到碎片化阅读潜在的不足，自觉用"长逻辑"的视角来指导自己的阅读行为和媒体使用行为，利用新媒体海量的信息和快捷的优势，帮助自己延伸信息触角，完善知识管理，但又不完全替代更加深入和沉静的阅读方式，将是更有益的。人们甚至还会发现，经过适当的安排，碎片化阅读还可以为传统阅读带来非常好的引流效应。

（二）增值化：粉丝经济

随着新媒体的大量出现和竞争加剧，新媒体平台拥有粉丝变得越来越重要。在新媒体模式中充当重要角色的就是粉丝经济，一个媒体平台如果不能"聚粉"，那么这个媒体将会慢慢失去它的价值。可以说，新媒体之战的核心在于粉丝之战，新媒体营销的目的就是获取高质量的粉丝，拥有了粉丝就等于拥有了影响力和变现的可能。运营新媒体的关键，也在于如何获得更多高质量的粉丝。

在粉丝经济中，粉丝并不是简单的内容接收者，也不是被动的消费者，而是为媒体增值的一员。媒体付出一定的成本吸引粉丝，目的也是让这些粉丝为自己创造更多的价值。媒体创造价值的方式，除了通过各种方式变现，如销售产品、打赏、社群付费、知识分享付费等，媒体平台的商业价值指标就是粉丝所带来的，包括粉丝数量结构、阅读量、转发量、互动活跃程度等。也就是说，哪怕某个读者没有在某个新媒体平台上进行任何消费，他付出的阅读时间和注意力，也可以为媒体平台带来商业价值，可以转化为广告和流量等经济指标。

新媒体平台要想获取更多的粉丝，需要拥有多个价值输出的渠道，这样才能保证新媒体平台的活跃度。对于新媒体平台来说，刚开始关注新媒体平台的粉丝往往很活跃；随着时间的推移，很多粉丝的活跃度就会下降，新媒体平台只有源源不断地增加粉丝才可以保持平台的活跃度。所以新媒体平台需要不断地输出内容，如"日更"，强化互动，形成生态，突出特色，在留住原有粉丝的同时不断吸引新粉丝，保持活跃度，才能具有更好的商业价值。

（三）社群化：连接与自组织

社群（Community）源于拉丁语，德国社会学家滕尼斯（Tonnies）最先将"社群"这一词用于描述人与人之间的关系。经典的社会学理论认为，社群是基于一定的血缘、地缘、文化认同而形成的共同体。在媒体领域中，社群是指因某种共性而相互联结并且有一定边界的共同体。随着互联网传播技术的发展和普及，基于共同的价值取向，网民能够在线上聚集，形成网络时代的社群。

新媒体的火热发展离不开新媒体所特有的社群化特征，即利用社群传播模式，打造社群品牌。互联网和社会化媒体的发展为网络社群的形成提供了基础和平台，基于共同的兴趣、价值取向或特定目标的受众通过社会化网络结成"部落"，这是社群的雏形，当其不断向外辐射聚集成"圈子"时，则在本质上形成了"社群"。成功的品牌营销要迎合人们内心的"部落"情结，一些新媒体的社群化发展也是基于受众的共同需求、身份认同和情感归属的。

按照社群内容的不同，可以将社群划分为产品社群、知识社群、兴趣社群和行业垂直社群等。纵观现在的新媒体，新媒体平台、创作者和受众的互动功能已经成为一种标配，这就意味着内容创作和传播已经过渡到内容与关系相结合的阶段。受众在阅读内容或购买产品时，除了考虑该产品是否实用，也会考虑该产品能否满足自己与其他受众之间的交流互动。这就要求媒体将社群与内容融合，满足受众的多样化需求，吸引更多的受众关注；更要求媒体运营者必须重视与受众的互动，使受众对平台或媒体账号的依赖性逐步提升，并在受众间构成网状连接，为受众之间因兴趣或知识分享等而自组织的聚集创造条件。

（四）分众化：精准垂直

在新媒体环境下，读者在阅读上呈现分众化的特点，每个读者更愿意阅读与自身兴趣、需求、特点更符合的内容，在内容的选取上更加个性化、专业化，这也意味着新媒体平台在内容的组织和投放上需要更加精准垂直。

在新媒体中，传统的利用人口统计特征进行受众分类的方式，已很难把握愈加捉摸不定的受众市场，即使是年龄、教育、收入基本相同的消费阶层内部也可能由于观念的不同，呈现出逐步分化离散的"碎片化"状态，拥有相似生活形态的受众逐渐重新聚集，最终形成分众群体。

为满足受众的需求，新媒体的内容需要规避信息同质化，增强对特定群体的针对性和贴近性，即新媒体运营者通过对信息进行分类加工，将其精准传播到目标人群中，充分满足受众的需要，从而实现传播效果最大化。相对于传统媒体，新媒体在分众化传播上具有更加明显的优势。传统媒体大多是批量传播信息，导致某一特定信息总是与其他信息混杂在一起，受众为获得这一特定信息所花费的时间成本很高，且其与所得未必成正比。新媒体的开放性、互动性、便捷性等，将更好地弥补这一不足，满足信息分众化传播的需求。

（五）匿名化："媒体人格"的诞生

匿名化是网络时代的一大特点，特别是到了新媒体大发展的时代，匿名化的趋势更加突出。每个人在网络世界中都有一个或多个身份标识号码（Identity Document，ID），而很少会以真实身份示人。这意味着受众在使用新媒体、消费新媒体内容时，受众的身份是隐藏的，他们在屏幕的"背后"阅读、评论、发表观点。这样做的好处在于能够提升受众发表意见的活跃度，但弊端也是显而易见的，匿名化带来受众的责任意识减弱、传播虚假信息、情绪化、非理性等现象也就难以杜绝。

与此同时，新媒体与传统媒体不同，自身也可能出现"匿名化"现象。传统媒体必须具有一定的资质、正式登记注册才能运营，而新媒体运营人员开通一个账号就能发布内容，除了平台后台管理人员知晓其真实身份，往往受众并不知道新媒体运营人员的真实情况。另外，新媒体受众之间也是互相匿名的，但受众往往还在这种状态中形成社群，进行密切互动。

新媒体与受众、受众与受众之间互为匿名的现象，带来了"媒体人格"的出现，这种"媒体人格"与真实人格之间既可能是一致的，也可能不同甚至背离，即同一个人在不同的媒体场景中呈现出不同的"媒体人格"。根据需要，一个人可以具备"自我推销者""意见领袖""热心人""段子手""讲故事的人""商业从业者"等多重"媒体人格"。这也意味着仅仅从新媒体内容和互动关系上认识一个人是不够的。

一个新媒体的价值可以通过两种维度去衡量，一种是流量价值，另一种是人格价值。流量价值就是粉丝的多少，主要在于信息渠道；人格价值就是受众对新媒体运营人员的喜欢程度，而不仅仅是新媒体运营人员提供的信息。如果单纯依靠流量创造价值，必然会遇到发展瓶颈；但如果只是注重价值输出，塑造人格价值，又会陷入另一种悖论里，就是曲高和寡，流量可能受影响，这样新媒体运营人员的人格价值倾向就陷入取舍中。在这种情况下，新媒体运营人员更需要的是多维度的人格建设与流量积累，并逐步使人格价值的优势超越流量价值。因为媒体只有具备了人格价值，才可以称得上是好的媒体，而不只是一个流量交互平台。

（六）柔性化：作者边界的拓展

新媒体极大地改变了传统媒体信息交互和生成的主体和方式，内容生产更加柔性化，作者与受众之间的界限没有泾渭分明，作者边界逐步拓展，受众也可能转化成为作者。

新媒体的一个重要特征就是话语权的下放和去中心化。信息的发布不再像过去一样集中在大型媒体机构手中，每个人都可以参与到信息的生产中来。受众从单纯的信息资源消费者变成了信息的生产者、发布者，信息的生产具有更多可能性，更加多元化。信息的发布渠道不再高度集中，用户生成内容（User-Generated Content，UGC）出现并伴随着社会化媒体的发展而迅速成为网络信息传播的重要方式。

微信、微博、知乎、豆瓣等越来越多的平台给予受众发声的可能。与此同时，越来越多的新媒体利用自身在粉丝群体中的强大号召力和话语权，进行某一话题或有关某一主题的内容征集，收集反馈信息，平台进行信息的二次筛选并整合发布，由此形成新的内容产出。这些内容产出多为涉及个人人生经验、受众普遍关注的话题，能引起受众的共鸣，常常拥有可观的受众参与度和传播效力。而这种构建场景、吸引粉丝后利用粉丝进行内容生成的信息生产方式，是 UGC 在新媒体的表现形式：粉丝生成内容（Fans-Generated Content，FGC）。

（七）场景化：受众体验

新媒体利用自身建立起来的平台，通过具有特色的图片、文字、音视频等内容，构建了一个集信息分享、群体定位、情感维系等于一身的场景，增强受众体验，将成为越来越多被采用的内容传播与营销的方式。

场景化是指新媒体在某个特定场景中完成信息的传播与沟通，强调的是被传播的信息在一个相匹配的场景中被传递出来。受众对场景化信息传播的体验是，面对一个用文字、声音、图像等勾勒出的场景，这个场景一定是受众在生活中遇到过或想象过的，在这些信息的激发下，受众的记忆被唤醒，受众在这个场景中与潜在的对象进行沟通，受到引导，被氛围所感染，产生某种情绪与想法等。

场景化还意味着生活场景媒体的价值凸显。这些媒体把内容传播和品牌营销渗透到受众的生活场景中，如电梯媒体、电影院映前广告、机场广告、车库广告等，从而实现对受众的强制传达，在信息碎片化的时代，这种方式越来越成为新媒体发布广告的首选方式。相较于主动寻找目标受众群体的形式，线下利用受众每天日常生活环境中的媒体消费空隙，更能实现内容的高频传播和有效到达。

（八）高频化：媒体依赖

新媒体被使用的高频化，已经成为明显的现象。人人都有手机，随时可以联网，交流即时快捷，新媒体在带来种种好处的同时，也不可避免地给人们带来了"新媒体依赖症"。

这种依赖首先体现为时间依赖。据"全球网络指数"的数据统计，全球网民在2019年花在社交媒体上的时间较2013年增加了60%，其中我国每人每天平均花在社交媒体上的时间为139分钟，比2018年增加了19分钟，但与其他国家相比并不是最多的（根据"全球网络指数"的数据，2019年国民使用社交媒体时间前十名的国家为：菲律宾、巴西、哥伦比亚、尼日利亚、阿根廷、印度尼西亚、阿联酋、墨西哥、南非、埃及）。

其次体现为信息依赖。在新媒体时代，受众获取信息不用花费太多精力，看似极为快捷和方便，然而问题也随之而来。受众过去传统的学习方式是将知识先记忆下来，然后再通过大脑加工。相反，现在新媒体信息量大且方便检索，使受众省去了记忆的过程，在帮助人们提高效率的同时，也导致很多知识来得快去得也快。受众过于贪图和依赖新媒体所带来的便捷，使很多应当保留的常识也夹杂在海量的信息中转瞬即逝。信息过载带来的结果就是，受众无法在任何信息上停留足够长的时间，并在脑中留下足够深刻的印象。不仅如此，受众习惯于快速和浅层的阅读，直接获得直白的信息，也会忽略思考的过程，产生"有了网络就有了一切"的错觉，在纷繁庞杂的信息中乐此不疲，违背了认知的自然规律。

在新媒体时代，过于依赖或者单纯排斥，都不是最好的选择。与新媒体本身具有的优缺点一样，重要的也许不是受众如何去评价它，而是如何正确地使用和有效地选择，提升使用新媒体的素养。最好的效果是受众在新媒体中不但获取知识，同时也从其提供的新奇内容中产生放下手机，深入生活本身去挖掘、体验和思考的欲望和动力。

思考题：

1. 如果你既是一个新媒体的内容生产者，也是一个新媒体受众，请你比较两者之间有哪些不同？

2. 思考在新媒体的使用与消费过程中，自己有哪些需要改进的地方？

第二部分
何谓新媒体写作？
新媒体写作特点与
内容生成

第五章

重新定义
"写作"

　　屏读时代的阅读出现了哪些变化？为应对这些变化，我们进行新媒体写作时应如何转变思维？在新媒体时代，我们开展写作是否有了新的方法和认知？新媒体写作流程又是怎样的？本章通过梳理屏读时代公众阅读的变化，部分爆款新媒体文章，尤其是自媒体文章的生成和传播过程，管窥"新"式写作和新媒体写作的流程。

随着网络技术的发展、智能手机的普及，我们俨然已经进入屏读时代。相较于传统式阅读，屏读自然有它的独特之处：比纸质阅读更加随时随地；比纸质阅读更容易用于分享与互动；比纸质阅读更容易将阅读变为一种日常……屏读对于信息的传播力度和速度远远大于传统式的纸质阅读。

传统写作的一些金科玉律，在屏读时代显然也在发生着变化，这就需要创作者调整传统认知、更新写作思维，在新式阅读时代开启一场"新"式写作。在新的条件和场景下，创作者需要了解大众阅读的新特点、新追求，练就"新"式写作的技能，掌握新媒体写作的流程，方能持久性地为公众提供高品质的内容。

▍一、屏读时代的"新"式写作

如果说纸质图书淡淡的书香、翻动纸张窸窣的声音能带给读者一种愉悦感，那么屏读时代屏幕的上下滑动、仿真翻页则是大脑汲取信息的新式享受。

传播学者麦克卢汉曾提出"媒介即讯息"的观点，认为媒介本身就是真正有价值的讯息。人类只有在拥有了某种媒介之后，才有可能从事与之相适应的传播活动及其他社会活动，媒介影响了我们理解和思考问题的习惯。也正是从这个意义上来说，真正有价值、有意义的并不仅仅是媒介所传播的信息，相反，媒介自身所带来的人们思想的变革、社会变革才是更有价值的信息。

如今，以数字技术为基础、以网络为载体的新媒体，深刻地改变了我们的阅读方式：相较于传统的纸质阅读，越来越多的人受到碎片化阅读的冲击。碎片化阅读是屏读时代的显性特征。相较于传统的深阅读，碎片化阅读一般来说是指人们利用移动终端进行的非完整的、时断时续的、交互性强的一种阅读方式。人们往往通过点击、搜索、提问等多种方式来获得碎片化知识。

屏读时代，人们的这种碎片化阅读习惯带来了阅读方式和阅读场景的深刻变化。在阅读方式上，人们不再满足于逐页、逐字、逐句的阅读方式，而是开启了"刷屏"的阅读方式：不是一目十行，而是一目一屏，阅读速度大幅度提升。

在阅读场景上，屏读时代为人们提供了一个随时随地随心阅读的场景，阅读对于人们不再是一种利用专门时间、感受专门场景的心灵享受，而是成为随时随地的一种行为方式。早上拥挤的地铁里、人群嘈杂的公交站牌前，甚至是坐在马桶上的时候，人们都可以打开微信公众号、电子书阅读软件，来一次信息的获取。智能手机的普及，让人人都可以成为屏读时代的一员，任何人只要有了获取信息的欲望，就可以开启一场阅读之旅。

媒介的变革和人们阅读方式的转变，对文体和表述方式产生了新的要求。文体的变化本来就是社会生活的生动反映。从诗经、汉赋、唐诗、宋词、元曲、元明小说到风靡至今的白话文，无不体现着"文以载道""文以随时"的时代文风与文体变革。屏读时代开启了新式阅读，同样也将开启"新"式写作，这样才能满足公众的阅读需求。而"新"式写作与传统写作存在很多不同。

（1）"新"式写作的着眼点在于阅读的工具。"新"式写作呈现的方式不再局限于一页纸、一本书，而是整个电子屏。

（2）"新"式写作的体裁有别于传统写作。新媒体写作是运用新媒体技术进行的信息交互性写作，以文字、图像、视频、音频等为表达形式，甚至还综合运用多种表达形式来进行信息传播。"新"式写作不再是单纯的文字组合、排列。

（3）"新"式写作的主体发生了变化。传统写作的主体常常是公职人员、新闻记者、文学作家，而"新"式写作则将写作的权力交给每一个人。人人都可以写作。写作不再是精英群体的专利。借用微信广告语"再小的个体，也有自己的品牌"，可以说，在新媒体时代，再小的个体，也有自己的声音。

屏读时代下，人人都可以是"新"式写作的体验者、获益者。但是碎片化阅读的特征也给新媒体写作提出了新的挑战。用传统写作的认知来应对"新"式写作，显然会被新媒体写作的潮流所抛弃。

二、新媒体写作的思维

传统写作与新媒体写作，可以说是存在着很大差异的两个不同"物种"，以传统写作的认知来进行新媒体写作，势必会影响新媒体写作的传播效果。这也是很多传统媒体人写的文章反而没有一些"新晋"新媒体写手写的文章传播效果好的原因。新媒体写作着眼于新的工具和新的技术条件，公众阅读的场景和方式发生了变化，因此写作人员必须转变写作思维。

（1）为读者写作的思维。传统写作往往聚焦在社会性事件、政经时事、社会发展等比较宏大的话题上，而新媒体写作更加着眼于读这篇文章的"人"，即读者本身。文章的受众是读者，而不是作者自己。根据马斯洛需求层次理论，读者通过阅读，既满足自我成长、自我实现等上层需求，如部分公众号转载的职场类文章；同时也要满足安全感、同理心等情感需求。作者在进行新媒体写作时，应该确立为读者写作的思维，既要满足读者对内容的心理需求，同时也要适应读者的阅读场景，如公众号文章的发布时间、文字分段、排版设计等都应适应读者的阅读习惯。屏读时代，一篇仅仅感动作者自己、对读者熟视无睹的文章，必然会遭到读者的摒弃；曲高和寡的文章，自然得不到读者的驻足。

（2）打造产品的思维。作者开展新媒体写作所追求的，不仅是文章内容信息的分享，而且也要考虑文章的后续传播，即分享、转发，最好是文章能形成爆款的现象级传播。与传统写作不同，作者进行新媒体写作应更加了解自己的目标读者，在选题、内容、传播方式上，应当注重分析写什么、为谁写、怎么写、怎样传播，以打造产品的思维经营内容，取得更佳的传播效果。

（3）与读者持续互动的思维。传统写作与读者的互动较少，即使存在"读者来信"等互动形式，但一般来说时效性差，深度不够，很难形成持续性的互动。而新媒体写作所处的媒介环境，可以最大限度、最高效率地实现写作者与读者之间的双向互动。新媒体最大的优势不是最高效率实现信息传播，而是背后的读者沉淀，或者说读者黏性。文章后台的留言、评论回复等，是新媒体写作者、运营者与读者互动最快捷的方式。一篇现象级的文章出现后，新媒体写作者应当抓住机会增强读者黏性，从而与读者建立最直接的社交关系。

新媒体写作给予了普通人话语权。不论是对于文字经验丰富的传统写作人还是新晋写手而言，只要文章获得了读者的认可、分享，同样可以达到现象级的传播效果。写作者的身份不再是保证阅读量的金字招牌，新媒体写作自身的力量才是。因此，写作者应该转变传统写作的认知，从新媒体的传播规律出发，确立新媒体写作的思维才是关键。

▌三、新媒体写作的方法

为契合新媒介环境、快餐式阅读的时代特征，新媒体写作者必须改变传统的写作方法。

（1）直接切入主题，避免在文章开头做大量的资料堆砌和铺陈。传统式写作讲究"虎头豹肚凤尾"，而在新媒体写作中，新媒体写作者不能再视"虎头"为文章开篇的金科玉律，而是要在文章开头直接点明文章主题，开门见山。与传统式阅读环境下的读者不同，新媒体环境下的读者通过微博热搜、新闻热点等已经对时下的热点话题有了一定程度的关注，而且由于碎片化阅读，读者容易对长篇大论的文章产生阅读疲劳，因此，新媒体写作者在进行新媒体写作时可以直接切入话题，省去对该话题的平面化介绍。

（2）选题、内容要引起读者的情感共鸣。读者只有在文章中读到自己想要表达的观点，即文章中的某个观点让读者产生共鸣，读者才会有转发、分享该文章的欲望。

一方面，新媒体写作者可以通过文字制造身临其境的画面感，尤其是对于故事情节的重点描述，让文字达到比画面、视频更有力的效果。另一方面，新媒体写作者在写作过程中的语言习惯应当围绕新媒体的特点来展开，个性化、口语化的语言更适应社会性的交流和互动。屏读时代的一大阅读特征是读者的阅读速度快，一个"刷"字恰如其分地描述了新媒体的阅读场景，在"刷"屏幕的快速浏览过程中，读者抗拒生僻、太过专业的文字表达，而是希望在快速阅读中最迅速、最简洁地获取信息。口语化的表达、个性化的语言风格，更能够适应读者碎片化阅读的口味。

（3）设置金句吸引读者注意力。屏读时代虽然为读者创造了一个随时、随地、随心的阅读场景，但读者在这种阅读场景下的阅读是一种碎片化的阅读。而碎片化阅读场景下的一大特征是，读者的注意力极易被分散。因此，新媒体写作的篇幅不宜过长，当然深度调查性的新闻等除外。新媒体写作者应整体上控制文章的篇幅，防止读者阅读时产生视觉疲劳；还可以在细节处设置金句，对读者阅读产生刺激，也可以帮助碎片化阅读中的读者加深对文章的阅读记忆。

《写作是最好的自我投资》一书对碎片化阅读下的新媒体写作做了这样的比喻："传统写作是文艺电影，节奏慢，伏笔深。而新媒体写作，则特别像商业电影，每两三分钟的观赏中就要有刺激点，让观众不愿离开座位，让观众的注意力不被分散。这个时候讲究的是点阵式刺激，如果你不能在连续两个屏幕内吸引观众产生看下去的欲望，他就会退出来。"新媒体写作者通过设置金句，一方面可以在新媒体写作中形成对读者的点阵式刺激，另一方面在快速的碎片化阅读结束后可以帮助读者总结、回忆文章的观点。

▌四、新媒体写作的流程

现象级新媒体文章的产生，不仅仅取决于内容，更重要的是取决于新媒体文章的传播形态。新媒体写作的选题、内容、语言应当切入时下读者的阅读动机，新媒体写作的配图、排版、封面图片等应当适应屏读时代读者的阅读场景。写作与传播相得益彰，唯有如此，新媒体写作者才有可能创作出现象级的作品。

首先，关于新媒体语境下的写作，新媒体写作者需要在选题、标题和内容、文字风格等方面发挥合力。

（1）选题。好的选题，本身就能引起读者的注意。好的选题主要有两种，一种是时下的突发热点，另一种是人们的永恒痛点。其中，突发热点对时效性的要求很高，新媒体写作者必须快速做出判断，选好写作的角度，在话题热度不断攀升时适时推送文章，使其最大限度地进入读者的视野。而永恒痛点则是社会公众最感兴趣、最想要表达的话题，该类话题永远是公众讨论的中心。

（2）标题和内容。新媒体时代，读者快速浏览屏幕的阅读方式，要求新媒体写作者必须在第一时间留住读者的目光。不可否认，目前仍然是一个"内容为王"的时代。但是，好的标题能够使你的文章在繁杂的信息中脱颖而出，从而引导读者进入你设置的"现场"，进而提高文章的阅读量和转载量。标题应当是文章内容最精华的观点呈现，文章的选题、角度都应体现在标题中。在屏读时代，千篇一律的标题可能让你的文章直接在读者"刷"屏的动作中流失掉。另外，标题要新颖、引人关注，但一定要与文章内容相契合。"挂着羊头卖狗肉"的标题党文章，即使在短时间内获得高阅读量，也会逐渐透支读者的信任。

（3）文字风格。屏读时代读者的阅读特征是速度快、频率高、碎片化、浅阅读。在这种阅读模式下，信息获取是读者的第一需求，而且读者追求迅速、高效地获取信息。因此，新媒体写作者在写作过程中所采用的文字风格，一方面应当契合自身的风格，另一方面尽量少采用陌生的专业词汇，用读者最为熟知的语言讲述陌生事件。屏读时代读者的阅读场景，经常是读者的空隙时间，读者想要的绝不是佶屈聱牙的说教和僵硬死板的陈词滥调，个性化的语言、多样化的叙事方式、明白易懂的文字风格更能适应新媒体的节奏。

另外，关于新媒体文章的传播，新媒体写作者需要在配图、封面图片、排版等方面选择最适应屏读时代读者阅读场景的呈现方式。

（1）新媒体写作中图片的使用。密密麻麻的文字布满全屏，会给碎片化阅读场景下的读者带来压力。借助切题的配图、表情包大图等，对长篇幅、多段落的文章适时进行分段，可以增强读者阅读的趣味性。这也是为什么读者极少在公众号文章中看到纯文字的内容。另外，封面图片的设计更是重要，合适的封面图片应当配合标题，使文章达到最理想的传播效果，能够让读者在浏览文章的第一时间，引起读者点开文章的阅读兴趣。

（2）排版。新媒体写作与传统写作在文章的排版上有很大的不同，排版应当适应读者屏幕阅读的习惯。一方面，文章在屏幕中呈现时，文章段落会自然出现分段间隔，因此新媒体写作者可以直接顶格写作，不需要在开头空格。另一方面，新媒体写作者书写的句式不应过长，分段可以更频繁，尽量用简洁的语言构思全文；还可以使用小标题衔接前后内容。总之，新媒体写作应当以尽可能为读者提供轻松的阅读方式为标准。

（3）突出显示，即文字加粗。文字加粗与上文中阐述的设置金句的写作方法相契合。屏读时代的快节奏阅读下，读者的阅读记忆较浅，阅读完一篇纯文字的文章后，甚至有的读者会淡忘刚刚阅读过的文章内容。设置金句的目的就是以最显眼、最简短的一句话打动读者，对文字进行加粗处理，可以迎合读者"刷"文章时的阅读动作、阅读记忆。

（4）留言和评论。新媒体写作者不要忽视文章最底端的留言区功能，留言与评论也是增强读者黏性的最佳方式。不少公众号，尤其是部分媒体公众号仅仅开启读者留言功能，很少回复读者留言。相反，不少自媒体抓住在留言区与读者互动的机会，与读者进行深度的往复交流，通过留言、评论与公众号的读者保持良好的互动，从而增强读者黏性。

新媒体写作者所面对的读者是屏幕那方处于各种阅读场景的公众，而不是坐在图书馆埋头深度的阅读者。因此，新媒体写作者在写作时文字语言、文章结构的打磨，都应契合读者碎片化阅读的习惯。

思考题：

1. 新媒体写作者需要转换哪些传统认知？
2. 新媒体写作的流程有哪些？

第六章
守正创新

　　新媒体写作和传统媒体写作既有联系，又有其创新路径。为了提高文章传播效果和影响力，新媒体写作者在新媒体写作过程中，可遵循的要旨是"三共"：共享、共情、共识。新媒体时代，内容产品知识产权（Intellectual Property，IP）化趋势日渐明显。内容产品要想实现IP化，新媒体写作者可在标题、内容、形式和传播等层面下功夫。

新媒体写作是在写作本身的源流上发展的，与传统写作有着传承的关系，而并不是一个全新事物，所以也必然有着写作固有的特性和内在规律。但同时，新媒体写作在理念上、方法上、思路上，与传统写作又有很大的不同，需要适应新的媒体形态和传播环境，具有自身的独特性。

一、新媒体之"三共"

新媒体写作在某种程度上可以称作"为了传播的写作"。这不是传统的精英写作，而是普通大众参与式的写作。写作过程中遵循的"三共"——共享、共情、共识，日渐成为新媒体写作者的圭臬。

（一）共享：把属于我们的分配给他人使用

拉塞尔·贝克对"共享"的定义是："把属于我们的东西分配给他人使用，或把属于别人的东西拿来供我们使用的行为和过程。"共享行为自从人类社会形成以来就存在。互联网则是实现共享理念的绝佳载体，为公众参与生产过程提供了更大的可能性。

20 世纪 90 年代初，互联网勃兴，越来越多的人成为网络"原住民"，共享理念日臻成熟，"把属于我们的东西分配给他人使用"蔚然成风。互联网技术的发展，也催生了新媒体。迥异于传统媒体单向的信息传递，新媒体与生俱来的双向乃至多向"交互"与"沟通"，更彻底地践行了互联网发展的核心理念——共享与参与。

共享理念的内在属性是"人人参与、人人尽力、人人享有"。这就决定了共享不只是结果导向，也是过程导向；不单是权利，也是义务。从实践看，如果只强调共享，不强调参与，易导致"搭便车"思维乃至"公地悲剧"。唯有各界互动协作，创造共享价值，且避免"零和"博弈，各个利益攸关方才可能共享更高水准的成果。

具体而言，Web 2.0 网络技术变革之后，博客、微博、视频网站等新媒体平台的出现，使网络可以为受众提供多方位的交流和互动。网络受众围绕社群和部落等具有亲密属性的横向网络关系，不断发声、讨论和评价，其影响力也与日俱增。

在这一过程中，生产者和消费者的界限也日渐模糊。学者胡正荣注意到：2012年，美国与英国的学界、业界已经很少使用 Consumer（受众）这个单词了，取而代之的是 Prosumer（新型的、主动式"专业消费者"）。全媒体时代，每个人都可以成为自媒体，生产和发布消息，因而他们成为消费与生产的复合体，而非传统意义上的受众。

值得一提的是，Prosumer 这个单词原本是阿尔文·托夫勒（Alvin Toffler）提出的，强调信息/网络时代的人们可以自己生产内容，同时消费其内容，如用户创建内容（User Created Contents，UCC）。在商业化时代，借助新媒体，人们之间通过分享（Sharing）创造出来的价值可以有效变现。

在《超级话题》一书中，作者提到：2017 年，《人民日报》利用微信开展了一场营销活动。"两会喊你加入群聊"这个 H5，就利用了群聊这个受众经常使用的微信生态场景。正是因为与群聊这种互动形式相关联，该 H5 才产生了裂变式的传播效应。

互联网的共享基因，不仅为供需双方提供了更为便捷的沟通渠道，而且建立了一套行之有效的信用制度。诚如纽约大学学者阿鲁·萨丹拉彻在《分享经济的爆发》一书中所指出的那样："当新的商业模式与适用于旧商业形式的规则发生冲突时，事实上我们已经回到了一个将信任建立在社会共识和信誉上的模式里。"

不过，需要警惕的是，在互联网的共享活动中，人们理所当然地奉行"拿来主义"，很多人不关注信息的所有权，随手转发成为共享的常态。西南政法大学民商法学院的学者黄汇认为，一篇原创博文、一条微博，甚至是一张原创图片，根据《中华人民共和国著作权法》规定，不需要原作者登记授权，只要满足独创性要求，原作者都依法享有著作权，受到相关法律法规的保护。因此，普通网友和机构在转载传播他人的原创内容时，要增强法律意识，必须注明转载内容的来源，尤其是对于原作者声明禁止转载的内容，转载者必须尊重原作者的权利。

（二）共情："将心比心"

和谐的人际关系是人类社会平稳发展的基础，而"共情"则在人际交往的过程中起着举足轻重的作用。研究者认为，"共情"有助于个体理解和共享他人的感受。

美国学者马修·利伯曼在其所著的《社交天性：人类社交的三大驱动力》一书中提出："共情"（Empathy）这个词是在 19 世纪才被引入英语中的。"Empathy"由德语"Einfühlung"翻译而来，意思是"感觉代入"（Feeling Into）。在 19 世纪，"Einfühlung"一词通常出现在美学著作中，美学家用它指代人类拥有的一种从心理或精神上进入艺术作品所营造出来的美妙世界的能力，以被观察者的角度去感受并获得第一手体验。"共情"是人类大脑认知成就的巅峰。心智解读、情感共鸣及移情动机共同激发了"共情"，意味着人们要去感受而不只是了解他人的经历，从而产生愉悦或痛苦的情感共鸣。

美国学者布勒内·布朗认为，直面苦难，我们的情感应是"Empathy"（共情），而非"Sympathy"（同情）。"Empathy"具有 3 个标准：首先是换位思考，其次是不轻易下断语，最后是了解他人的情绪、情感，并予以体会和感受。"共情"是"将心比心"，是"设身处地为别人着想"。

在传统媒体时代，媒体写作者创作的内容达到让受众产生"共鸣"的境界，也就足够了。但是，在新媒体时代，一切都是扁平化的，新媒体写作者需要实现比"共鸣"更高一层的"共情"。清华大学新闻与传媒学院教授沈阳认为，现在我们每个人每天看手机的次数大概是 150 次，每个人每天被摄像头拍摄 500 次，手机距离自己不会超过 1.5 米。所以，从传播学的意义上来说，人类正在成为一个"新的物种"。新媒体传播的极致就是"共情"，就是让更多人对传播的内容感同身受。

有研究显示，当人们的生活逐渐被社交媒体占据后，个人的"共情"体验会迅速通过社交媒体"传染"给其他人，进而形成"病毒式传播"。在社交媒体上流通着的信息内容，包括文字、图片、视频、音频等可见元素，其背后还蕴含着情感、态度、情绪、观点、喜怒哀乐等。当人们在自己的社交媒体"圈子"范围内，看到他人分享的信息内容，并感受到某种情绪时，就会设身处地把自己的情感也融入进去。

信息内容中隐含的情绪、情感等"传染物"，一旦引发社交媒体上不同"圈子"人群的"共情"，它们就会打通社交媒体上强关系"圈子"和弱关系"圈子"的界限，并沿着社交媒体弱关系链条"传染"到更大的范围，达到无远弗届的程度。当越来越多的人被这样的情绪传染后，大量的分享和转发行为就产生了。最终，这些文章极有可能成为热点中的爆款文章。

那些取得成功的内容创作者或"内容营销代理商"，就在想方设法调动人们的情绪，让人不由自主产生"共情"。这些内容不仅是传统意义上的媒介产品，而且道出了受众想说的话，表达了受众想抒发的欢喜、愤懑等情绪，然后以受众易于理解的、直白的方式传递出来。这种内容产品，让受众油然而生"你懂我"的情愫，从而让受众产生"共情"体验并对内容创作者产生深深的认同。

（三）共识：讲好故事，凝聚社会共识

新媒体写作，其旨归是凝聚社会共识及多元共识。

共识（Consensus），是指一定时空背景下不同的利益主体对某一事件或价值理念形成的公共认可或共同认识。简而言之，共识就是意见一致。

有学者指出，共识应当在承认社会现存差异的前提下来努力消解或弥合各阶层的分歧。多元共识的形成其实就是这样一个过程，不同阶层的利益主体通过利益表达、利益互动、利益妥协来寻找多元价值、理念之间的平衡点。新媒体的勃兴，为不同的利益主体提供了新的协商与对话的平台，它使人们的话语权朝着均等化方向发展，使互动场更为活跃，助力多元共识的达成。

新媒体平台的出现，为普通大众提供了利益表达的可能性。如果说微信朋友圈类似"私家庭院"，"庭前"都是自己熟识的好友，那么微博则更类似于公共广场，广场上的人都戴着有形或无形的"面具"，具有一定的匿名性，这也让人们更敢于、更愿意在微博平台发表意见。

新媒体平台让每个人都拥有了"话筒"，都有了"发声"的机会。在新媒体环境下，政府、社会精英、普通公众三类主体可以在同一平台进行扁平式的对话，这种对话方式不同于传统的垂直性对话，其显著特点就是话语传递的通达性。

在新媒体平台上，存在着大量因为拥有相同的社会地位、相近的文化背景、相似的理想信念的人而聚集形成的"圈子"，其内部成员在互动中能够遵从理性原则，进行理性表达，即使存在异见，彼此之间也能够较好地理解和包容。

举例来说，每年的打工人群中有形形色色的人，其中不乏一些有才华的人。以前可能无人知晓，如今借助于新媒体，"打工文学"正在受到越来越多人的关注。借助一个普通的微信公众号"正午故事"的推送，《我是范雨素》这篇看似普通个人传记的文章却刷爆了朋友圈。

这篇文章在短时间内迅速爆红网络，发布当日阅读量超过 10 万次。从传播的角度来讲，范雨素的走红，源于生活水平较低的人，拥有不对等的才华。作者的身份很特殊。以前受众接触这类文学作品大都源于作家，而范雨素本身就是文章描述内容的主体，其"现身说法"带给人们强烈的情感冲击。从"共情"带来的情感冲击，到"共识"所引发的一些社会思考，这篇文章给很多读者留下了深刻的印象。

2018 年年底，电影宣传片《啥是佩奇》在新媒体平台开始"刷屏"。该短片讲述了一个住在大山里的爷爷询问孙子过年想要什么，却仅听到"佩奇"两个字。于是他查字典、问乡邻，终于靠他人的描述，用鼓风机制作出一只粉红色的佩奇。这个简单的故事让很多网民看后为之"共情"，并迅速走红网络。尽管这是电影宣传片，却被当作绝佳的故事短片广泛传播。该片的成功就在于准确把握了亲情主题，引发了网友的"共情"，进而塑造了重视亲情、注重家庭的社会共识；抓住了"过年""团圆"的时间节点，触动了网民的情感按钮；并通过乡土化的传播方式，拉近了短片与网民的距离，进而造成了"刷屏"之效。

▌二、新媒体内容 IP 化之"四性"

身处"互联网＋"时代，部分媒体选择利用平台思维或 IP 思维进行转型、整体规划布局和投资持续发展。IP 原本是指"知识产权"。不过，随着互联网的发展，这个词被引申为"可供多维度开发的文化产业产品"。简而言之，IP 就是可被感知、可"变现"的品牌。

寻求新媒体内容 IP 的可塑形态，谋求新媒体内容的 IP 化，可从以下四个方面开展：文章标题的偏重性、视觉听觉的立体性、"内容为王"的服务性和网络传播的互动性。

（一）文章标题的偏重性：吸睛原理

俗话"秧好一半谷，题好一半文"，这充分说明了文章标题对于一篇文章的重要性。许慎在《说文解字》中提到：题，"额也"；目，"眼睛"。"题如文眼"，文题是文章的眉目。一个好的题目，可以概括全文的内容，可以体现全文的思路，可以概括全文的主旨，可以表明全文的特色，能一下子抓住读者的注意力、激发读者仔细阅读的兴趣。

纸媒时代，读者"看书先看皮，看报先看题"。读者打开报纸，要看什么，先看什么，取决于文章的标题，它是报纸给予每个读者的"第一印象"。有人称：标题是报纸的"广告""窗口""索引"。读者从标题中大体可以判断出新闻的价值及可读性。可见，好的文章标题是多么重要。

《新闻传播百科全书》中对新闻标题的定义是："用以揭示、评价、概括、表现新闻内容的一段最简短的文字。"这一定义凝练地概括了传统媒介时代新闻标题的外在形式及内在功能。新媒体时代，标题在出新出彩、吸引流量方面的作用更是举足轻重。好的标题能给人以审美体验，俚语俗语、经典名句均可入题，彰显着新闻雅俗共赏的美学特质。时下，制作新媒体新闻标题的方法可大致概括为：使用具体的数字或细节场景，采用接近性原理或显著性原理，设置悬念与虚实结合等。

新华社微信团队成员关开亮先生，2018 年在《传媒评论》上发表文章《新华社通稿离"爆款"的距离只有一个好标题》。文章表示：2016 年 7 月才正式改版上线的新华社微信公众号逆势发力，仅用一年多时间，粉丝数从 100 万激增到 1500 万，文章日阅读量接近 500 万，品牌效应随之凸显。

在新媒体时代，好的文章标题绝大多数是口语化的。我们在拟定标题时，不妨把受众当成你的亲朋好友，你突然知道了一件大事，非常想告诉他们，这时，你脱口而出的话往往就是最好的标题。在新媒体时代，标题在不脱离、夸大事实的情况下，重点突出口语化、可传播性，可以起到事半功倍的效果。但值得注意的是，标题的"准确"一定是优先于"吸引力"的。

让人忧心的是，现在微信公众号平台有很多"标题党"的文章，"惊呆""崩溃""笑喷""哭晕""99%的人不知道"这些耸人听闻的词语、句子比比皆是。我们需要承认，这些"标题党"在短期内确实可以提升文章的阅读量，但长远看，这对运营主体造成的伤害是无法弥补的。

与"标题党"相比，标题同质化对新媒体新闻的发展危害更大。"标题党"现象是新媒体初起时产生的"泡沫"，浮在表面且易于消散。与"标题党"现象相比，标题同质化现象分布的领域更加广泛，它的表现与"标题党"现象相比又不那么明显，因此不易引起人们的警惕，但是它对新媒体新闻的长远发展更具危害。

（1）标题用词的跟风化。例如，"打 call"是 2017 年广为传播的网络流行词，在各大新媒体标题制作中被频频使用。当"打 call"充斥新媒体平台的时候，这样的标题难免"泯然众人矣"。例如，"厉害了"等流行词都是一经产生并传播，引发广泛跟风，这样的标题意在求新，实则失去了创新。

（2）标题语式的模式化。新媒体新闻标题在叙述语式上正逐渐形成一些固定的模式，较常见的模式有悬念式、反转式等。这些模式增强了新闻标题的吸引力，契合了新媒体传播的特点。但这些探索一经形成模式，却又令新闻标题呈现出千篇一律的现象。当新闻标题过度依赖于模式化的表述时，不仅失去了个性色彩，而且长此以往会令受众产生接受疲劳。

需要注意的是，"点击率为王"正在侵蚀"内容为王"，在这样的背景下，所谓的创新逐渐失去"源头活水"，日益走向模式化。只有回归新闻本体，我们才能克服新媒体新闻标题同质化的弊端。

（二）视觉听觉的立体性

威尔伯·施拉姆认为，媒介"既是信息的倍增器，又是很长的信息传输管道……还是信息通道上强大的把关人"。

麦克卢汉则认为，"媒介即讯息"，并提出"媒介即人的延伸"。麦克卢汉表示，任何媒介都不外乎是人的感觉和感官的扩展或延伸：文字和印刷媒介是人的视觉能力的延伸，广播是人的听觉能力的延伸，电视则是人的视觉、听觉和触觉能力的综合延伸。

和传统媒体相比，新媒体进一步调动了人的感官，让信息的传达更加生动。新媒体信息传播已经不再局限于对单一的感官施加影响，而是朝着对视觉、听觉、触觉等多种感官进行全方位、立体式的影响演进。

如今已是视觉传播（Visual Communication）时代，以视觉为中心的视觉文化符号传播系统，正在消解传统的语言文化符号传播传统。视觉传播以文字、色彩、图像、空间等作为视觉基础元素来进行表现，力图将已经完成、存在的传统文化艺术的语言文字代码和印刷媒介进行重新整合。

当下，人们运用新媒介、跨媒介进行视觉设计，融合文字、图像、声音、动画、视频等多媒体信息，编排出风格各异的可视化新闻产品。视觉表达早已不再是单图或多图的铺陈，而是能调动视觉、听觉甚至触觉的综合视觉产品。新媒体技术条件下的视觉创意，是对传统视觉表达的延展，使内容更深化、形式更新颖、表现更多元。

相同的新闻主题，相同的视觉题材，要让受众眼前一亮，唯有创新。创新也是媒体之间和媒体人之间实力与创意的较量。视觉创意不是多种媒介简单的相加，而是创造性的融合，以吸引受众为旨归。让视觉产品动起来、立起来、活起来，才是制胜的不二利器。

另外，在新媒体语境下，受众对广播的接触方式也多样化了，收听方式也"碎片化"了，受众关注的"声音"不再局限于在线广播、电台官方网站、各类网络电台App、微电台、微信、音频定制产品等层出不穷。当下，利用 H5 技术、互动游戏、动漫、图解方式等制作的可视化产品，尽可能调动受众的感官，还原事实的现场，让受众有身临其境之感。

创新永无止境，这从历史上的一些经典案例中可见一斑。例如，美国发明家贝尔曾经想把他的电话发明卖给西部联合电报公司，但被拒绝了，因为该公司认为有电报就足够了。当乔布斯锲而不舍地进行"苹果"的触屏式手机试验时，很多公司嘲笑他，认为手机就应该是有按键的。

未来，人工智能技术与互联网嫁接，会诞生出更多人们还不熟悉的形态。伴随科技的进步和持续发展，人们将会获得来自听觉和嗅觉、视觉和触觉等多方位的感官享受与体验，新媒体所带来的信息来源也将更立体、更多元。

（三）"内容为王"的服务性：新媒体就是"内容+服务"

媒体业是信息服务业。做新媒体产品就要开展"内容+服务"，只有这样才能集聚受众，从中找到盈利点。

新媒体的未来，不是融媒体，而是超媒体。所谓的超媒体就是要引领议题、说好故事、塑造影响力。当然，仅仅拥有影响力是不够的，利用影响力更好地为受众服务、获得自身生存和发展的空间，才是超媒体的最终目的。

新媒体的内容创新、形式创新、手段创新必不可少，但内容创新是最重要的。在内容同质化的时代，好的受众体验将是受众选择媒体及媒体内容的关键。谁提供的内容符合受众需求、更个性化且获取方便快捷，那么谁就能占据高地。

在互联网时代，尤其是在碎片化阅读的时代，受众很反感比比皆是的理论依赖和概念堆砌。文章有文气、有文脉、有生命、有温度，带着作者情感的密码，才能更接地气，更容易被受众接受。

新媒体时代也对编辑提出了重大挑战。因此，编辑首先要明确受众对象和需求。如果针对的是小众群体，则新媒体就要尽量与这个群体贴合，不断增强受众黏性和归属感。如果针对的是大众群体，那么新媒体需要细分其垂直领域与功能。需要指出的是，大众型新媒体追求的是"帕累托最优"（"帕累托最优"追求的是在不损害部分群体利益的基础上，提升整体利益），因为大众型新媒体受众群体的同质性较弱，多样性较强。因此，大众型新媒体的立场要有一定程度的包容性。

新媒体时代的最大表象特征，就是信息量异常丰富，而如何从海量信息中筛选、整合、创造出满足受众需求的内容，便是编辑面临的最大挑战。因此，编辑必须根据受众的需求，建立立体化的服务渠道，切实增强为受众服务的意识，以满足受众日趋明显的个性化、圈层化产品需求。

以往，受众对文化产品的接受带有一定的"被动性"，与之对应的则是编辑的"引领性"，这与当时社会信息总量的相对不足和信息传播手段的相对单一是相适应的。而在新媒体时代，受众接触信息的机会和时间均大量增加，接触方式更是多样化，其需求表现为"主动型"。受众甄别和阅读有效信息，才能够满足自身的个性化需要。这就要求编辑必须能够在海量的信息中，为不同的受众群体挑选出适合的内容，进行整合和再创造，并推送给受众，这样才能让受众"秒转粉"。

新媒体时代，编辑理应研究受众的心理，充分利用数据，创设增值服务，提升受众的服务体验。在此基础上，编辑应根据受众的浏览记录，分析潜在受众的关注点，及时推送合适的阅读内容。这就要求编辑具备"立体眼光"，统筹各种媒体发布手段，从而给受众带来个性化的服务及衍生服务。

（四）网络传播的互动性

众所周知，新媒体是建立在传统媒体的基础上，并以数字信息等技术的发展为支撑体系的新型电子媒体，是传统媒介和新技术的融合和统一，能实现所有人对所有人的传播，能为大众提供个性化的内容服务。

学者匡文波认为，"新媒体的本质特征是技术上的数字化、传播上的互动性"。交互性是新媒体的特质，传统的新闻媒介是信息的单向式传播，新媒体则突破了信息的单向传播，增强了传播者与受众之间的互动性。

尼葛洛庞帝在《数字化生存》一书中提出：现代信息技术的突飞猛进将改变人类的工作、学习、娱乐方式，即人类的生存方式。事实上，很多产业的前途归根结底要看它们的产品或服务能不能转化为数字形式。

数字化时代，受众之间能无障碍沟通交流。受众不仅是信息的接收者，同时也是信息的传播者。交互性使信息的传播者和接收者极易进行角色转换，这种双重身份的角色使受众可以畅所欲言，及时反馈信息，使新媒体得以与受众在互动中互相促进。

可以说，互动性成为区分传统媒体与新媒体的主要特征之一。传统媒体与新媒体相比，前者的受众反馈机制较被动和微弱。新媒体的信息传播是自主性与交互性的统一。例如，微博使用者可根据个人兴趣爱好自主选择关注的对象或信息，也能按个人意愿随时取消关注的受众。微博的传播与接收几乎是同步进行的，传播者在发出信息后可立刻得到转发或评论的反馈，而接收者只要借助一定的技术手段就可以发布或修改信息，成为信息的传播者。

思考题：

1. 新媒体写作过程中，能否涌现"网红"？
2. 新媒体时代，如何才能让写作更好地变现？

第七章

抢夺流量

　　如何才能最大限度地促进新媒体文章的传播、分享？如何提高文章的阅读量？如何写出爆款文章？流量的抢夺，也是信息传播的竞争。单纯的流量导向不应该是新媒体写作的运行准则，但流量确实是阅读量、传播力的象征。本章将通过实例分析在新媒体写作过程中如何抢夺流量。

互联网时代，流量是指新媒体的访问量，具体包括网站页面的浏览量、新媒体账号的受众量、新媒体文章的阅读量和转发量等指标。随着新媒体时代的到来，流量开始成为移动互联网行业的红利，阅读量、转发量等代表流量的数据成为新媒体内容生产者竞相夺取的目标。在流量导向下，部分新媒体存在产出低俗吸睛信息、恶意蹭"热点"等不良倾向。

这种情况的存在，并不是说新媒体不要追求流量，流量本身并没有"原罪"，相反它是影响力和传播效果的重要体现。我们要追求什么样的流量？用何种内容来追求流量？这里有一个正确的目标与正确的手段相结合的问题。今天，不少人一边附和着"不以流量论英雄"的声音，一边打开各种书籍、学习各种知识付费课程、研读"如何打造阅读量为'10万+'的爆款文章"。这种前后不一的状态反映了人们对于流量的矛盾心态和偏颇认知。无论是哪种新媒体，都以传播信息为核心，都必然要追求影响力，抢夺流量自然也是其应有之义。正确的理解应该是，追求流量是塑造影响力的手段而非目的，流量大小应该与影响力的强弱呈正相关。这就要求新媒体写作者必须快速获取、传播信息，同时也要采取多种表现形式实现图文互补，选择话题最热、公众最敏感的时间进行发布。

（一）信息获取与传播

抢夺流量，是信息获取与传播速度的竞争。尤其在社会热点事件发生时，谁能够最快获取并传播信息，抓住公众获取该信息的时间窗口，谁就能抢占先机。

（二）多种内容表现形态

暨南大学新闻传播学院喻季欣教授和薛国林教授认为：新媒体写作即用新技术手段进行的信息交互性写作。具体来说，就是通过计算机、博客、微博、微报、微图、手机等各种手段，即时传播信息的写作。与传统媒体写作最大的不同是，新媒体写作以视频、音频、图像、文字等为表现形式，甚至综合运用几种手法传递信息。新媒体催生"新的新闻文体"，新媒体环境下的新闻写作也开始有了不同的呈现形式。

（1）新媒体的发展为新闻文体注入新活力。每一次传播媒介的重大变革，都会对新闻文体产生重大的影响，新媒体时代，各传统媒体也已经开始重视"两微一端"的传播样态，目前甚至也开始攻占包括抖音在内的短视频平台。以央视新闻为例，央视新闻通过官方微博的实时直播，已经在微博上掀起了一股追《新闻联播》的潮流。微博话题"#今天追新闻联播了吗#"实现了 5.5 亿的阅读量、14 万的讨论量。除微博平台之外，央视新闻频道也入驻快手 App、哔哩哔哩网站，实现新闻在新媒介环境下的创新式传播。

2010 年"两会"期间，微博平台开始参与"两会"政务新闻的传播。各大媒体不仅使用微博进行新闻的常态传播，甚至也将新闻背后的故事传达给公众。例如，新华社"新华视点"将人大代表、政协委员在"两会"现场的精彩花絮、细节等告知公众，为公众还原一个真实的"两会"现场，从而将政治新闻生活化、场景化，受到公众的好评。由于各大媒体利用微博平台传达的新闻具有结构简单、报道角度单一等特点，为了全方位展示"两会"期间的新闻，"新华视点"一方面通过常规微博传播"两会"新闻，另一方面又开辟各栏目深耕话题。

（2）新媒体写作是综合运用各种手法的一种信息交互性写作，可以综合运用图像、音频、视频等多种手法。目前，对于以微信公众号为主的新媒体平台来说，穿插使用文字和配图的文章已经成为新媒体写作的常态。另外，对于突发性新闻事件，如果能够获取到第一手的视频，甚至可以针对该条视频单独发布一篇文章。

例如，2020 年 1 月 8 日，一架载有 170 名乘客的乌克兰客机在德黑兰坠毁，"央视新闻"的官方微信公众号以当地民众意外拍到的飞机坠毁瞬间的视频内容为主，发布了一则新闻消息。单独以一段视频配一个标题的形式，从而撑起一篇新媒体文章的情形较少见，新媒体文章更多以文字、图片、视频相辅相成。

（三）抓住发布时间

新媒体写作由"写作"和"传播"两部分构成，新媒体写作者写作之后精准快速地传播新媒体文章，能够使新媒体文章实现最大的传播价值。其中，适时推出新媒体文章，高效地覆盖公众的阅读时间，可以保证新媒体文章迅速地获取阅读量。新媒体写作者如何抓住发布时间，应当根据新媒体写作内容的不同特点来确定。

（1）对于热点性新闻，新媒体写作者应当尽可能在事件仍有热度的期间尽早发布，以满足公众对该新闻的获取需求。这一点与传统新闻抢热点、抢时间类似——不仅需要拼时间，也要拼准备。白岩松在《痛并快乐着》中回忆自己参与 1993 年申奥之夜新闻播报时背后的故事可以作为参考。东方时空作为 CCTV 的第一个新闻栏目，承担起申奥这个重大新闻的播送。从凌晨 2 点宣布申奥结果到早上 7:20 节目播出，节目组只有五个小时的制作时间，白岩松则需要在凌晨 4 点与另外三位主持人走进演播室将串联词和评论传送给观众。担任编写串联词任务的白岩松，做了两手准备：编写了风格完全不同的两个串联词，一个申奥成功时用，另一个申奥失败时用。多手准备串联词，多路记者在拍摄申奥现场后马上返回电视台，用最快速度将原始素材编辑成节目。在早上公众对申奥新闻兴趣点最高时，播送申奥结果的新闻。

新媒体写作也同样需要第一时间抢热点，抓住公众对热点的敏感期，越早发布文章便越有竞争力。否则，当这个敏感期一过，类似文章铺天盖地地袭来，此时一方面公众应接不暇；另一方面敏感期已过，公众对该热点话题的兴趣也会大幅降低。《写作是最好的自我投资》一书中讲过一个拼准备的例子。中国女排在里约奥运会夺冠时，"领英中国"公众号在一分钟后就发布了文章。在绝佳的时间发布文章，看似是不可能完成的。对此，"领英中国"公众号负责人也坦承：我们前一天晚上就准备好了两篇文章，一篇写赢，另一篇写输。

（2）对于其他非热点时间的新媒体写作，新媒体写作者应该研究公众阅读的高峰期。新媒体写作者可以注意自己朋友圈中文章被分享最多的时段。腾讯官方曾公布过公众号阅读的高峰期：上午7点至9点，中午12点至下午2点，晚上6点至8点，以及晚上10点以后。针对不同选题的文章，新媒体写作者选择不同的时间段推送文章，能够最大限度地覆盖该文章的目标受众。例如，上午7点至9点期间，这个时间段的受众以"上班族"为主，拥挤的公交车、地铁上都是受众此时的阅读场景。针对"上班族"，涉及职业类话题的新媒体文章在此时被发布，能够最快推送给这些目标受众。

无论是拼时间还是拼准备，都是为了在信息纷杂的今天，找准方法使新媒体文章达到最佳的传播效果。屏读时代的今天，"内容为王"仍是准则，但新媒体写作者也要掌握能将文章以最佳形式推送出去的方法。

思考题：

1. 如何理解抢夺流量其实是一种传播信息的竞争？

2. 如何更好地综合运用各种手法来传递信息？

第三部分
在哪里写?
新媒体写作平台与渠道

第八章

媒体与信息平台

新媒体内容在什么地方呈现？或者说通过什么载体进行传播？我们可以将其分为媒体与信息平台、组织传播平台。前者具有一定的媒体属性，主要是大众传播和人际传播；后者具有一定的机构属性，更多体现为组织传播。本章主要介绍前者。

在新媒体写作平台与渠道中，具有媒体属性的平台是最主要的一类，包括网站、自媒体与社交媒体平台、传统媒体的新媒体平台及资讯平台。

一、网站

网站就是把一个个网页系统地链接起来的集合，根据其内容的不同，网站可分为门户网站、专业垂直网站、个人网站、商业网站和网络社区。

（一）门户网站

所谓门户网站，是指通向某类综合性互联网信息资源并提供有关信息服务的应用系统。我国著名的门户网站有新浪、网易、搜狐、腾讯、百度、新华网、人民网、凤凰网等。而在全球范围内，比较著名的门户网站是谷歌和雅虎。

新浪、搜狐、网易、腾讯等大型门户网站的特点是：信息量非常大，内容比较全面，包括很多分支信息，如时事、经济、科技、旅游、文体等各个频道。大型门户网站的访问量通常非常大，每天有数千万甚至上亿的访问量，是互联网最重要的组成部分。

还有一类门户网站是地方生活门户网站，也可以叫作"地方门户网站系统"，它由多个网站功能系统构成，主要有分类信息系统、社区论坛系统、地方信息资讯系统、商家企业网页系统等。地方门户网站系统以本地资讯为主，网站内容一般包括同城网购、分类信息、征婚交友、求职招聘、团购集采、口碑商家、上网导航、生活社区等频道，网站内还包含电子图册、万年历、地图频道、音乐盒、在线影视、优惠券、打折信息、旅游信息、酒店信息等非常实用的功能。

全国性的大型门户网站与大量的地方门户网站系统的结构，与当前我国的经济社会发展状况与社会结构是相适应的。附着计算机终端在中国的普及和网民的快速增长，我国未来的网络化发展是大趋势，市场空间是巨大的，在此情况下，大量地方门户网站系统的出现就不足为奇了。

实际上，今天的门户网站与当初雅虎初创时所说的门户已经有了很大的不同。最初，雅虎这种以提供搜索服务为主的网站扮演了引领网民"入门"的角色。后来的门户网站将提供新闻服务作为门户网站的主业乃至核心竞争力。回顾门户网站的起源和历史，我们可以清楚地看到，无论是搜索、新闻，还是其他服务，都只是门户网站发展的一个阶段，而并非是门户网站本身的根本定义。如果严格从互联网门户网站概念的诞生及门户网站字面意义来讲，各种类型的网站都可以称为门户类网站，因为门户本身应该是一种通道和路径，从这个意义上我们可以对门户进行广义理解。

（二）专业垂直网站

与门户网站的综合性特点不同，另一大类网站是专业性较强、涉及内容较为单一的专业垂直网站。两者的区别可以形象地理解为超级市场与专卖店之间的区别，前者的品牌及商品类型众多，后者却较为单一，但后者能满足某一特定领域上网人群的特定需求。

专业垂直网站中比较常见是行业网站，即以某一个行业内容为主题的网站，通常包括行业资讯、行业技术信息、产品广告等。行业网站的服务内容更为专一和深入，行业网站只专注于某一特定领域，并通过提供特定的服务内容，有效地将对某一特定领域感兴趣的受众与其他受众区分开来，并长期持久地吸引这些受众。专业垂直网站的意义在于发布某个行业的专业信息，其专一性、专业性较强，通过整合行业资源，形成一个行业信息专属平台。

目前，基本上每个行业都有自己的行业网站，如能源行业网站、金融行业网站、工程机械行业网站、旅游服务行业网站等。行业网站在该行业有一定的知名度，通常流量也比较大，这些行业网站既有公益性的，也有营利性的。营利性的行业网站主要靠广告收入、付费商铺、联盟广告、软文、链接买卖等方式营利。

（三）个人网站

个人网站一般是个人为了某种兴趣爱好或展示个人等目的而建立的网站，具有较强的特色，带有明显的个人色彩，个人网站无论是内容、风格还是样式，都形色各异。相对于大型网站来说，个人网站的内容一般比较少，但更能体现鲜明的个性。

（四）商业网站

商业网站一般包括产品展示型网站、服务型网站、功能型网站、交易类网站、分类信息网站和娱乐型网站。

（1）产品展示型网站：主要以产品展示为主，展示内容包括企业介绍、产品种类、产品规格和型号价格等，方便潜在客户随时查看产品信息。

（2）服务型网站：用来服务公众的各种线上业务需求，如电信运营商的官网，可以实现受众在线选择业务、提交订单、在线支付等功能，并且该网站还提供了意见反馈窗口，用来解答受众的问题和处理受众意见，从而形成一个友好、便捷的在线服务中心。

（3）功能型网站：提供某一种或多种功能，如号码查询、医院挂号、物流信息查询、火车票购买等。功能型网站以实现某一种或几种功能为主要目标。受众也是为了满足自己的某种需求才来浏览该网站的。

（4）交易类网站：主要包括企业对企业（Business to Business，B2B）、企业对用户（Business to Consumer，B2C）、用户对用户（Consumer to Consumer，C2C）等类型。这类网站以用户在网站产生消费为目的，通过产品选择—订购—付款—物流发货—确认发货等流程实现产品的销售。国内知名的交易网站有淘宝、京东等。

（5）分类信息网站：相当于互联网的集贸市场，有人在网站发布信息销售产品，有人在网站购买产品。分类信息网站是销售同城产品的重要平台，国内知名的分类信息网站包括 58 同城等。

（6）娱乐型网站：以提供娱乐信息为主的网站，提供丰富多彩的娱乐内容，包括视频网站、音乐网站、游戏网站等。娱乐是受众上网的一大需求，通常娱乐型网站的浏览量非常大。受众往往通过购买会员的方式进行娱乐消费。这类网站的特点也非常显著，网站的页面通常色彩鲜艳，设计风格或轻松活泼或时尚另类。

（五）网络社区

网络社区是业内人士、专家、学者和普通大众进行讨论和发表看法的场所，如天涯论坛等，该论坛是一个交流平台，受众注册论坛账号并登录以后，就可以在论坛上发布信息，也可以给信息回帖等，实现与其他人的交流。

二、自媒体与社交媒体平台

现在是移动互联网和社交网络快速发展的时代，各种自媒体和社交媒体产品也层出不穷。

（一）自媒体的变迁

普通大众通过网络等途径向外界发布信息的传播方式的诞生，意味着自媒体时代的来临，它的发展经历了以下几个阶段。

1. 自媒体 1.0 时代

这个时代以博客为代表。博客即网络日记，是一种传播个人思想、带有知识集合性质，并集丰富多彩的个性化展示于一体的综合性平台，受众可以简易、迅速、便捷地发布自己的想法与心得，通过对文字和图片的创作编辑，及时、有效、轻松地与他人进行交流。博客主要用于受众的个人表达。

2. 自媒体 2.0 时代

这个时代以微博为代表。微博是一种信息公开性强、传播范围广的网络媒体，微博以其文字短小、传播范围广、大众化、新闻性的特点，受到大众的喜爱。微博上具有一定影响力的个人或企业，也可以申请成为"大 V"。微博具有信息公开性，微博平台的内容更容易被其他受众发现、评论甚至转发、转载，互动性较强。

3. 自媒体 3.0 时代

这个时代以微信为代表。微信诞生于 2011 年，开始只是简单的即时通信工具，后来不断新增添加附近的人、语音对讲、微信群、朋友圈、发红包、微信支付等功能，现在的微信几乎已成为最普及的新媒体产品，它已经不是简单的通信工具，而是集通信、新闻、娱乐、商业于一体的综合性平台。微信与微博和博客相比，其隐秘性更强，受众只有相互是好友才能看到彼此的微信朋友圈评论。微信公众号的出现使微信受众可以创建公众号，在公众号上发布自己创作的内容，或自主选择自己喜欢的公众号进行关注和分享。

4. 自媒体 4.0 时代

这个时代以直播和短视频为代表。从 2015 年开始，直播的兴起刮起了全民娱乐的一股飓风，各类直播 App 蜂拥而至，受众只要有一部手机就可以当屏幕中的主播，也能观看各种类型的直播。直播具有受众广泛、内容多元化、实时性、互动性等特点，聚集了庞大的受众流量。与此同时，竞争的加剧、监管的提升、内容趋于同质化等问题，也使直播行业面临着越来越大的挑战。

随着时间的推移，直播受众逐渐接近饱和，受众陷入审美疲劳，短视频逐渐受到更多受众的青睐。在受众时间越来越碎片化的情况下，短视频正好迎合了受众的这一需求。大部分短视频的时长基本只有 15～60 秒。以抖音、快手等为代表的短视频平台，涵盖了各个领域的内容，受众观看短视频时可以根据自己的喜好挑选。同时，各类短视频 App 还可以根据受众的喜好进行算法推荐，增强受众的黏性。

直播与短视频都是视频介质，两者一长一短，互相弥补。未来，直播与短视频这两种内容形态在同一平台上并存与融合可能会成为下一个趋势。

（二）社交媒体的发展

自媒体与社交媒体并没有明确的界限，前面论及的微博、微信也属于社交媒体的范畴，但在此处，我们前面介绍的几种自媒体更加突出"自我发布"的特点，而接下来介绍的社交媒体，更多的是突出社交的属性，强调受众自发贡献、创造信息内容，并进行传播。其中有两点需要强调，一个是人数众多，另一个是自发传播，具有这两个特点的媒体才属于社交媒体。

1．基于兴趣

基于兴趣的社交媒体以"豆瓣"为代表。"豆瓣"（douban）是一个社区网站，为受众提供关于书籍、电影、音乐等作品的信息，关于这些作品的描述和评论都由受众提供，属于 UGC 模式，是具有特色的一个网站。该网站提供书籍、电影、音乐等作品的推荐、线下同城活动、小组话题交流等多种服务功能，更像是一个集品味系统（书籍、电影、音乐）、表达系统（我读、我看、我听）和交流系统（同城、小组、友邻）于一体的创新网络服务平台，致力于帮助受众发现生活中有用的事物。

2．基于知识获得

基于知识获得的社交媒体以知乎为代表。知乎是一个网络问答社区，连接各行各业的受众，他们在该社区分享彼此的知识、经验和见解。准确地讲，知乎更像是一个论坛，受众围绕着某一感兴趣的话题进行相关的讨论，同时可以关注兴趣一致的人。知乎对发散思维的整合是其一大特色。

3．基于个人展示

基于个人展示的社交媒体以抖音为代表。抖音是一款受众可以拍摄短视频的音乐创意短视频社交软件，由今日头条孵化而来，该软件于 2016 年 9 月上线。抖音实质上是一个音乐短视频社区，受众可以选择歌曲，配以短视频，制作自己的作品，进行自我展示，获得自己的粉丝，并实现商业变现。如今，越来越多的组织机构也在抖音平台开设账号，进行形象和产品展示。

4．基于娱乐爱好

基于娱乐爱好的社交媒体以哔哩哔哩为代表。哔哩哔哩是知名的视频弹幕网站，也是年轻人高度聚集的文化社区和视频平台。哔哩哔哩早期是一个 ACG 平台，即动画（Animation）、漫画（Comics）和游戏（Games）的内容创作与分享的视频网站，经过十多年的发展，哔哩哔哩围绕受众、创作者和内容，构建了一个源源不断生产内容的生态系统，已经形成了一个涵盖 7000 多个兴趣圈层的多元文化社区。例如，李子柒制作的视频在哔哩哔哩发布，引起了受众极大的关注。

三、传统媒体的新媒体平台

我国互联网兴起于 20 世纪 90 年代中期，传统媒体几乎同时开始建网站，在此后的发展中，传统媒体一直在追逐新媒体的步伐，在转型的过程中，也采取了不同的路径和方式。

（一）内容的迁移与再造

自产生之初，微博、微信和新闻客户端就开始深刻影响着新闻的传播，影响着我国报业生产结构和生产方式的变化。近年来，央媒、党报在传统媒体融合传播方面也始终走在前列，积极推动传统媒体和新兴媒体融合发展，坚持以先进技术为支撑，以内容建设为根本，推动传统媒体和新兴媒体在内容、渠道、平台、经营、管理等方面的深度融合，着力打造一批形态多样、手段先进、具有竞争力的新兴主流媒体，这成为我国报业媒体融合发展的转折点，在"两微一端"方面更是表现突出。

《人民日报》的新媒体转型成为业界样板，微博和微信兴起后，很多报纸机构积极寻求"双微"联动。2012年7月21日，人民日报社率先开通法人微博账号，人民日报体系旗下"学习小组""侠客岛""镜鉴"等微信公众号，也为主流媒体发布更多独家信息、进行权威解读提供了窗口。

"两微一端"成为媒体融合发展的标配，其中自有客户端作为传统媒体自主掌控的信息移动传播渠道，是传统媒体抢占移动互联网入口、沉淀受众的重要平台和媒体融合传播的发力点。一些传统媒体先后推出自己的客户端，央视新闻客户端率先于2013年5月上线。但总体来看，报纸行业受互联网的冲击最为强烈，对互联网的探索最早，积极性更高。2014年被称为移动客户端布局之年，人民日报社的客户端、新华社的客户端相继于同年6月上线，带动了一批新闻客户端纷纷上线。

"两微一端"的信息内容，既有传统媒体直接转化过来的，也有传统媒体为适应新媒体特点而重新编辑创作的，为此各大媒体还组建了专业的新媒体团队，新媒体内容相比传统媒体内容而言，也更加丰富。

（二）向新媒体转型

一批传统媒体大力向新媒体转型，以《新京报》为代表。《新京报》是一份有着鲜明特点和独特气质的报纸，在新媒体浪潮的冲击下，于2019年宣布"全报社只有11人专职办报纸"，引发广泛关注。《新京报》转换传播渠道，推出了新闻客户端，并对自身结构和工作流程进行了深度调整，所有原创内容优先在新闻客户端发布；转变表达方式，实现图片、文字、视频多种方式综合运用；转变生产机制，对传统媒体策、采、编、发、审全流程进行改革。《新京报》转型的具体内容包括移动优先，打造全网络、立体化传播阵地；视频优先，推动生产内容的可视化表达；全员转型，从以报纸为中心向以新闻客户端为中心转变。《新京报》的新媒体转型探索，值得众多面临同样挑战的传统媒体关注。

（三）再造新媒体

自 2017 年 1 月 1 日起，《东方早报》休刊，原有的新闻报道、舆论引导，将全部转移到澎湃新闻网。澎湃新闻网是上海报业集团改革后公布的第一个成果，是专注时政与思想的媒体开放平台。澎湃新闻网主打时政新闻与思想分析，生产并聚合中文互联网世界中优质的时政思想类内容，结合互联网技术创新与新闻价值传承，致力于新闻追问功能与新闻跟踪功能的实践。澎湃新闻网有网页、Wap、App 等一系列新媒体平台。比较有影响力的栏目如中国政库、人事风向、一号专案、舆论场、知识分子等。这相当于在传统媒体之外，上海报业集团再造了一个新媒体平台。

四、资讯平台

除了传统意义上的新媒体之外，众多的资讯平台也是新媒体生态中非常重要的一部分。

（一）信息入口平台

此类平台以搜索网站为代表。搜索网站通过优化搜索引擎，帮助受众从海量的信息中找到自己需要的内容。因而有影响力的搜索网站成为重要的信息入口。由于流量大，搜索网站也成了重要的媒体平台，除了提供各种新闻内容的搜索服务外，搜索网站本身也提供信息流和媒体聚合内容，并从中获得商业利益。但是，搜索网站作为受众黏性高、社会影响力大的信息平台，宣传正确的价值观非常重要，如果为逐利而不顾社会公序良俗，误导受众，则会遭到受众的唾弃。

（二）资讯集合与推荐平台

过去受众从报纸、书刊、电视新闻中获取信息，受传播力度和时间的限制，互联网兴起后，受众获取信息来源更广，也更加及时，受众最早是从信息覆盖面广阔的门户网站中耐心去寻找自己所需的信息；如今这个信息爆炸的时代，各种各样的信息向受众涌过来，这其中自然有许多无用、重复的信息，受众可能失去耐心，从而寻求用更高效的方式获取信息。以今日头条为代表的资讯平台，为受众推荐有价值的、个性化的信息，其创新之处在于对绑定的社交账号进行数据挖掘与分析，从而向受众推送其可能感兴趣的新闻。

对于受众来说，资讯平台的价值可以总结为三点：时间价值、流量价值和营销价值。资讯平台在满足受众获取信息的同时，降低了受众的时间成本。作为新闻聚合类的应用，资讯平台省去了受众搜集新闻资讯的时间成本；强大的算法、智能引擎和基于受众数据挖掘的算法推荐，降低了受众对信息进行筛选的成本。而且资讯平台不仅做了新闻的聚合，也做了评论的聚合，有助于受众的及时社交。

（三）媒体生态平台

2019 年腾讯全球数字生态大会上，腾讯宣布全面升级内容生态，将在短视频领域发力和加强内容中台建设。在短视频领域，微视将在创作能力、互动模式和内容服务方面进行升级；在内容中台上，企鹅号将成立原创专家委员会，同时会加强版权保护，拥抱融媒体。企鹅号还发布了腾讯融媒体平台，打造正能量新生态。

当前，数字内容消费呈现三个趋势：一是受众在内容消费的同时越来越注重自我的表达；二是社交成为数字内容的重要载体；三是越来越多的消费者成为生产者。在这几个趋势下，作为国内最有影响力的信息平台之一，腾讯在原有的 QQ、邮箱、腾讯新闻、微信等互联网产品的基础上，在短视频领域发力，对内容生态进行全面升级，这将有助于腾讯把自身建设成为更具纵深度、更加丰富的媒体生态平台。

（四）电子商务平台

随着互联网的快速发展，越来越多的商务活动开始在网上进行，诞生了一大批电子商务平台，以阿里巴巴、京东为代表的电子商务平台，成为人们生活中不可或缺的一部分。大型电子商务平台具有多样的功能，除了商品交易之外，还有娱乐、支付、社交等众多功能，电子商务平台在某种意义上也成为一个新的媒体类型，其资讯功能和商务功能各自得到不断发展，并在发展的进程中相互依存、相互渗透、相互融合。

电子商务始终是围绕信息流、资金流、物流而展开的。由于以前物流的成本低，传统的商务形式以物流为主导，表现为多个分销渠道的建立。而科技的发展使信息的流动成本降低、速度加快，逐渐跃升为商务过程中的主导。由此，各类电子商务平台的媒体属性凸显。电子商务平台若按其在商品交易中作用的不同划分，可简单分为直销型电子商务平台与经纪型电子商务平台两大类。相比之下，后者的媒体属性更加明显。经纪型电子商务平台是通过虚拟的网络平台，将买卖双方的供求信息聚集在一起，协调与匹配供求关系的中介商，其"生产"和"销售"的是一种特殊商品，即信息商品，核心业务就是商品和商务信息的流转与传播。它旨在打破企业同消费者之间及企业相互之间信息不对称的屏障，真正给消费者以实实在在的购物"知情权"，使企业与企业之间及企业与消费者之间进行无缝对接，切实使消费者的价值主张得以实现。

以淘宝为代表的各个电子商务平台都想方设法在自身的媒体功能开发上不断努

力。例如，淘宝利用自有的资讯资源及与垂直资讯门户网站的合作，按不同分类对与消费者相关及消费者感兴趣的信息进行充分展示，并采取对商品及服务评分的方式和对最热评、最具争议商品的分选，为后来的消费者进行网购决策时提供参考。

思考题：

1. 请比较分析各类媒体平台的共性和各自特点。

2. 请思考未来各类媒体信息平台的发展趋势，是更加趋于融合化，还是更加趋于分离化？

第九章

组织传播平台

在新媒体传播成为重要的传播方式的背景下，越来越多的非媒体组织机构建立了自己的新媒体传播渠道。本章介绍一些主要的组织传播平台及其传播特点与功能。

新媒体传播主体中，很大一部分是各种组织机构的传播平台，包括企业、政府、公用机构与社会组织等。这些传播平台开展的新媒体传播活动，本质上是一种组织传播，具有自己特定的特点和功能。

一、组织传播的主体

采取新媒体渠道进行组织传播的主体有很多，主要包括以下几种。

（一）企业

企业是经济活动的主体，与整个经济社会有着广泛的联系，也一直有传播信息的需求。在传统媒体时代，除了一些针对自身的内部报刊及一些产品宣传外，企业几乎没有面向社会大众的传播渠道，企业要增加自身知名度，只能采取在媒体上投放广告等形式。到了新媒体时代，企业除了可以利用第三方的新媒体渠道之外，也可以建立自己的新媒体平台和渠道。更多的企业还组建了专职的新媒体队伍，持续地面向公众发声，更好地与目标受众群体形成互动，达到自身的组织目标。

当前，新媒体是企业宣传品牌的主流阵地。企业利用新媒体进行信息传播的行为，可以帮助企业和受众进行交流。从这个意义上说，企业不再像传统媒体时代时一样，只有依靠自身实力才能获得更多的亮相和发声机会（如广告标王），这也给了众多中小型企业、初创品牌、创业者一个契机，一个平等竞争的机会。

在互联网时代，几乎每一个企业都建立了自己的企业网站，作为企业对外展示信息的窗口，企业网站也是企业销售产品、获取商机的主要渠道。在移动互联网时代，以微信为代表的新媒体作为企业的名片越来越受到重视，成为企业宣传品牌、展示服务与产品乃至进行经营活动的平台和窗口。随着信息技术的日益成熟和社会化网络力量的兴起，新媒体营销不仅是企业"可以做""值得做"的事情，而且是企业营销"必须做好"的事情。

（二）政府

当今，各种新媒体手段在政府的信息传播中得以广泛应用。新媒体传播具有迅捷性、广泛性、互动性、个性化等特征，为构建以民为本、高效廉洁、公开透明的现代政府创造了更好条件。

当前，政府的新媒体传播手段主要包括门户网站、微博、微信，尤其是微博、微信。《中国互联网络发展状况统计报告》显示，截至 2019 年 6 月，新浪平台认证的政务机构微博账号为 13.9 万个，中国各一级行政区已全部开通政务机构微博账号；微信城市服务的累计受众数达 6.2 亿，中国各一级行政区已全部开通微信城市服务；我国很多的地级行政区开通了"两微一端"等新媒体传播渠道，总体覆盖率达 88.9%。

目前，各级政府机构在这些新媒体平台上及时发布工作动态，提供新闻和生活服务信息，开设服务窗口。新媒体平台上也涌现出了一批优秀的政务微博账号和微信公众号，如国务院国有资产监督管理委员会（以下简称"国务院国资委"）的"国资小新"微信公众号。

📘 延伸阅读

"国资小新"

"国资小新"是国务院国资委新闻中心的新媒体统一平台，2012 年 6 月 16 日，"国资小新"微博账号开通；2013 年 7 月 25 日，微信公众号"国资小新"上线。"国资小新"账号主要发布国务院国资委及下属国有企业的动态，是国务院国资委试水新媒体、创新政务和新闻发布的重要举措。截至 2019 年 6 月，"国资小新"已在 20 多个新媒体平台上开设了账号，从最早"互动+发布"的微博平台、"社交+服务"的微信平台，到"整合+服务"的今日头条、人民网、澎湃号等客户端，一直到 2018 年入驻抖音、哔哩哔哩、梨视频、快手短视频平台，再到 2019 年入驻喜马拉雅等音频平台和知乎等知识分享平台，"国资小新"已基本形成了覆盖广泛的新媒体平台布局。

政务新媒体在快速发展的同时，出现了一些优秀的范例，但总体上依然存在一些不足和值得改进的地方。这些不足之处主要包括对公众的需求贴合和满足上还不够，信息平台的服务功能还没有充分发挥，网络覆盖面还有待提高，互动潜能还有待进一步挖掘，各部门之间的协作还不够等。

2018 年年底，国务院办公厅发布《关于推进政务新媒体健康有序发展的意见》，意在规范和优化政务新媒体的发展。对于政务新媒体而言，"政务"为体，"新媒体"为用，这两个属性是相互依存、有机统一的。新媒体的重要意义在于，可以充分发挥信息传播优势和技术手段，打造主流舆论阵地，促进政务信息的广泛传播和政务服务的便捷普及。从这个意义上说，政务新媒体的运营人员要秉承"以人民为中心"的理念，认真研究互联网传播规律，不断提升运营水平。

（三）公共机构

作为社会的重要组成部分，高校、医院、研究机构等是承担公共社会责任的公共机构，也越来越多地利用新媒体平台与受众进行沟通和互动。公众出于对公共事业的关心和期盼，也对公共机构的形象寄予厚望；而由于与公众的利益有交接点，公共机构在新媒体传播上也有很大的优势和潜力可以挖掘。

以高等院校为例，高等院校的受众既包括主管单位、广大社会公众、内部教职员工，更包括广大的高校学子，知名大学不仅受到本校学生的关注，也受到更大范围学子的关注。对于高校而言，其重要的社会责任就是培育高素质人才。微博、微信、新闻客户端等新的传播媒介已成为大学生获取信息、传播信息的重要渠道，而高校新媒体在其中扮演着重要的角色。如何在纷繁复杂的信息大爆炸背景下，精心策划主题报道，提高新媒体传播质量，用高品质的内容滋养广大学生，是高校新媒体最重要的任务。

高校新媒体应该做到立足国家战略，关注国家政策，根据新闻价值和社会效果策划并报道议题，贴近高校实际，贴近师生实际，做"接地气"的好新闻；同时要注重表现形式的创新，推进技术与内容的完美融合；要清晰认识到新时代大学生世界观、人生观、价值观的形成过程及规律，运用青年学生耳熟能详的语言、乐于接受和喜闻乐见的形式，广泛吸引他们参与互动，打造刚性服务和人文关怀兼有、主流价值和话语魅力兼具的新媒体生态。

（四）社会组织

社会组织属于社会领域的组织形态。它们有着不一样的称谓，包括非政府组织、非营利组织、第三部门、独立部门、志愿者组织等。它们具有非营利性、非政府性、志愿性、公益性等特征。

基于社会组织的特点，其传播工作缺乏强大的资金资源的支撑，因此公众在社会组织传播中的地位更为突出，社会组织更需要发挥公众的积极性来实现社会组织的传播功能。近年来，发生的一系列社会组织的负面事件，使社会组织面临着信任危机，社会组织在公信力的塑造上依然任重而道远。随着网络和信息化技术的发展，公众习惯从各种新媒体渠道获取信息，新媒体成为社会组织做好传播工作的重要阵地。社会组织可以充分利用新媒体来缓解社会组织和公众之间信息不对称的问题，深化社会组织与公众的互动交流。

但目前，大多数社会组织在媒体中的议程设置仍停留在社会组织活动的内容报道，公众无法深入了解社会组织的角色、使命，这使社会组织的新媒体传播影响力有所削弱。在新的形势下，社会组织应该准确定位受众群体，制订合适的传播方案，打造公开透明的信息平台，主动发布组织活动的相关信息，涉及公众利益、社会关切及需要公众知晓的信息要及时公开，提高自身的社会公信力，让公众更放心地参与到社会组织的活动中来。

二、组织传播的特点

组织机构的新媒体传播具有以下特点。

（一）互动性

现在很多组织把新媒体当成"黑板报"来运作，将新媒体当作一个单纯的信息发布平台，这在针对性和互动性上是不够的。新媒体的特点就是互动性强，是组织机构与特定受众互动的重要渠道。

组织机构在传播活动中，需要将有限的资源集中到与组织长期密切相关的受众上来。一方面，组织机构通过定期对受众的调研及受众的反馈了解其态度，分析不同的传播方案会带来什么样的效果，从而防止与受众的期望相偏离；另一方面，组织机构可对不同的传播方案进行评估，选择最优的方案，从而使传播策略更加具有成本效益。

组织传播要促进受众开展积极的行动。这就需要组织通过新媒体传播对受众产生传播效果，引发受众对传播议题的关注，从而引起受众态度的转变，进而开展积极的行动。这就意味着组织开展新媒体传播不能自说自话，而应该与受众建立广泛的社会关系，共同打造良好的传播生态。

随着移动社交时代的到来，新媒体改变了人们的生活方式，也改变了组织传播的方式。再好的信息，传播周期可能也只有短短一两天，这就意味着组织需要多频次、持续化地增强与受众的交流和沟通。

（二）有效性

组织传播要努力塑造良好的组织形象。组织形象是组织无形资产的重要组成部分。根据霍夫兰等人的"可信性效果"理论，一般来说，信源的可信度越高，其说服效果越大；可信度越低，说服效果越小。若组织拥有良好的组织形象，就更容易获得公众的信任，培养公众对组织及其服务的忠诚度，更容易实现组织目标。

因此，组织传播应该紧紧围绕维护和提升组织形象这个目标来进行。在内容方面，组织机构应选用能提升组织美誉度的议题和素材，而对于会损伤组织形象的内容，要坚决舍弃。在渠道方面，组织机构应综合利用微博、微信、组织官网等进行多端口传播。在形式方面，组织机构通过数字、图表等形式进行数字化和可视化呈现，不断增强组织传播信息的可读性。在传播手段方面，组织机构要积极利用网络中的关键意见领袖进行信息的二次传播，通过微博、微信上的"大V"号召其粉丝进行转发和参与，实现信息的多级传播，扩大组织活动的影响力。在受众反馈方面，组织机构要做好受众反馈的评估改进，不断修正和完善组织传播工作。

（三）差异性

新媒体时代面临的传播竞争，最大的特点是内容差异性的竞争。在新媒体平台上，组织机构应思考怎么突出自己的特点，怎么做到和别人不一样，在品牌宣传上，在议题设定上，在内容选择上，在解释角度上，要有意识设定一些差异化的路线。只有差异化的内容才能引起受众的关注，才能在众多同质化内容中脱颖而出。

创新是新媒体传播最重要的引擎，也是最稀缺的资源。在注重创意，构思采写角度，生产优质内容的同时，组织机构还要重视思维创新、体制创新、技术创新。在思维创新方面，应该做到受众在哪里，新媒体内容就应在哪里，最大限度地满足受众的信息需求。在体制创新方面，应该逐步打破组织中的业务划分，强化内部协同，加速推进深度融合，联合深耕优质内容，共同发声提升影响力。技术创新是组织传播发展的内在动力，AR、VR、H5、3D 等技术的快速发展和应用，能够大大增强内容的传播效果，使传播内容更容易受到受众的青睐，从而达到最佳传播效果。

三、组织传播的功能

组织传播的功能和作用，主要体现在以下几个方面。

（一）塑造组织形象

塑造组织形象是组织传播的首要功能，也是组织传播的中心任务。组织形象即社会公众对组织综合评价后所形成的总体印象，是一个组织的组织精神、价值观念、行为规范、道德准则、经营作风、管理水平、人才实力、经济效益、福利待遇等要素的综合反映。通过新媒体传播，组织与公众相互联结，组织与环境相互适应。组织传播的主要目的不是直接宣传组织的产品信息，而是有目的地塑造组织形象，使社会和公众了解组织的愿景，认可组织的行为，让社会知道组织付出的努力，力求公众理解组织自身面临的困境等，并获得受众的认可，在受众中引起认知度、理解度和态度的转变。从某种意义上说，组织传播是组织公共关系的一部分，是组织塑造良好公众形象、谋求更好生存和发展的重要手段。

（二）搜集反馈信息

组织传播另一个很重要的功能就是搜集组织所需要的反馈信息，从这个意义上说，新媒体是一个组织的"界限沟通者"，一方面组织利用新媒体可以把组织需要传递的信息传播到外界，另一方面获取组织所需要的反馈信息，从而使自身成为一个动态的开放系统。

所以，在新媒体传播过程中，组织并不是把内容一发布就结束了，还要关注受众的反馈与互动，如有没有人参与讨论？有没有人去参与组织活动？有没有人进行分享和转发？这其中就有组织希望掌握和了解的信息。除了发布内容之后被动地掌握受众的反馈之外，组织还可以有意识地通过调查研究、问答互动、信息征集等方式，了解受众的想法和需求，从而将其纳入自身的决策体系，改进后续的行为。

组织对所搜集的信息应该进行认真分析和合理利用。这也意味着，组织搜集反馈信息需要坚持实事求是的工作准则，对信息进行过滤的方式、报喜不报忧的态度则是不可取的，它会影响反馈信息的真实性，从而导致组织对受众和环境了解的失真，误导决策和组织行为。

一个良好的组织形象的塑造，绝非一朝一夕之功，组织传播是一项持续的系统工程，组织不应拘泥于局部的得失，而应从组织的根本利益出发，追求长期、稳定的发展战略，通过持续的、有计划的努力来建立良好的组织形象。因此，在进行组织新媒体传播效果评估时，组织要了解组织传播的有效性、受众的关注度等指标，通过评估不断优化组织传播工作。

（三）处置舆情

当组织遇到负面舆情和危机事件时，新媒体是重要的发声渠道。澄清事实，或是请求外界理解支持，或是告知公众对事件的处置等，都离不开及时有效的信息传播。因此，组织要注重收集相关媒体报道的内容，建立完善的舆情监控体系。如果发现负面的报道，应该及时处理，并采取相应的危机公关举措，对舆论走向进行正面的引导。

（四）影响潜在受众

在新媒体时代，受众既是信息的接收者，也是信息的传播者，传与收的界限在新媒体时代被打破，受众在接收信息的同时成为信息传播的重要环节。利用这个特点，组织可以把组织传播变成一个不断影响潜在受众的行为，促使潜在受众向现实受众转化，不断扩大组织的知名度和影响力。

（五）谋求商业的间接转化

组织传播也需要实现受众的变现，对企业来说更是如此。对于政府和社会组织而言，受众的变现不一定是经济利益的变现，最终的目的是更好地实现组织战略和组织目标。

单就企业的新媒体传播来说，企业在很大程度上要追求商业利益的间接转化，会考虑投入产出比。企业新媒体传播的目的有三个：品牌传播、带动产品销售和获取渠道资源。企业的新媒体运营人员要围绕这三个目标持续发力，内容只是载体，重点是服务好被企业品牌和产品吸引而来的受众。从这个意义上说，企业新媒体传播很重要的一点是提供相关产品的功能价值信息，并传递到目标受众，从而进行产品的宣传和销售。

（六）实现内部文化构建与信息沟通

组织传播除了面向外界，同时也面向内部，组织成员既是新媒体传播的重要参与者，也是重要对象。组织可通过有效的新媒体传播，加强组织内部文化的构建，搭建高效的内部信息渠道，通过承载组织精神的故事等载体、内部不同层级成员的沟通互动、围绕共同目标的组织活动等，吸引广大组织成员主动靠近，不断增强组织成员对组织文化的情感认同、价值认同和行动认同。

思考题：

1. 除了本章提到的几种类型之外，还有哪些组织传播的主体？
2. 组织传播平台与媒体平台相比，最大的不同是什么？

第十章

渠道之变

　　本章将主要从传播渠道的角度，讲述新媒体平台发生的变化，及其对新媒体内容生产带来的影响。

　　媒体是能使人与人、物与物及人与物产生联系的平台。当我们讨论媒体与互联网结合的无限可能时，其实是将新媒体视为一种信息传输的渠道。从渠道的视角来看，互联网时代，渠道传输的信息以电子化的方式传播，大大提高了渠道的传播效率，从根本上改变了媒介生态中原有渠道结构的运行原理、商业模式等，对新媒体主体架构及新媒体与受众的关系产生了深远的影响。与此同时，受众获取信息和消费媒介的方式也发生了重大的改变，这意味着要用新的内容、新的渠道，构建新的场景，去满足受众新的需求。

一、从稀缺到过剩

　　新媒体时代，媒体渠道与以前相比，最大的特点就是，渠道从曾经相对稀缺向过剩转变，并由此带来了相应的变化。我们可以从以下几个方面来理解传播渠道正在发生的变化。

（一）渠道垄断的终结

　　在传播渠道短缺的时代，媒体组织不管是报纸、广播还是电视，都拥有稀缺的渠道资源。然而，随着科技的发展，传播媒介作为一种渠道资源的势能得以释放，无论是数量规模还是传播模式都有了很大的发展，新媒体增长的速度非常惊人。如果以达到 5000 万受众为标准，广播用了 38 年，电视用了 13 年，而互联网只用了 4 年。同样是互联网媒体，也面临着"后浪推前浪"的冲击与挑战。微信等新兴媒体的不断崛起，令曾经风光无限的门户网站也逐渐沦为"传统媒体"。优秀 App 的迭代周期约为 22 天，即便领先的互联网企业也不敢懈怠。技术的发展导致传播渠道资源以一种不可遏止的方式释放出来，信息传播渠道的数量规模及其品种质量都有了爆发式的提升，其结果是，一切我们过去熟悉的有影响力的传播渠道的产生方式及市场赢利模式都遇到了空前的挑战。

　　在传播通道规模扩张和信息大量堆积的大背景下，传统的传播效能会有一个平均化的递减。过去我们以为最有价值的版面和时段等都会因为其大量"过剩"而变得价值打折；从传播效果来说，无论是舆论宣传的"媒体联动"，还是广告投放的"集中轰炸"，其传播效果都在明显衰减。尤其是当媒体的内容与受众的需要不相适应时，受众有限的注意力自然会选择远离你、忽略你、抛弃你。于是，"渠道垄断"的时代终结了，一个新的传播竞争时代开始了。

（二）渠道的裂变

　　所谓媒介融合迭代时代，是指媒介形态更新速度越来越快，媒介界限越来越模糊。

媒介形态越多，信息传播的渠道也越多，渠道爆发式增长背后的媒介演变逻辑是"互联网+"模式，也就是互联网与各种传统传媒形式的融合。例如，"互联网+报纸"是门户网站，"互联网+电视"是视频网站；当互联网升级为移动互联网时，"移动互联网+"与传统媒介的结果又滋生出新的形态。"移动互联网+门户网站"就是新闻客户端，"移动互联网+社交功能"就是微信。互联网与以往媒介发展历程中技术变革的逻辑有所不同。以前一种技术催生一类媒介，例如，印刷术催生了报纸、杂志，无线电及其设备装置的发明催生了广播电视行业，而现在则是一种技术催生多重媒体形态，单一的媒介形态已经不能满足社会发展的需求，线性的发展逻辑被打破，各种媒介形态一拥而上嫁接在互联网上。

新媒体的爆发式增长及信息的跨屏传播，分散了受众的注意力，带来了传播效能的递减。在以往的"渠道垄断"时代，我们以收视率、市场份额的"绝对值"来衡量一档节目的传播效果，但这在现在受到了严峻挑战，新的方法论亟须诞生。当传播渠道不断裂变，带来规模的级数增长时，掌握一个渠道所能带来的市场占有率被大大"摊薄"，甚至衰减到几乎可以忽略不计的地步。所以，收视率、收听率、打开率、阅读率下滑，将是一种新常态。新媒体数量的增长使整个媒体生态更加趋于一种熵增的状态（熵是物理学概念，是系统无序程度的量度，熵增过程是指一个自发的由有序向无序发展的过程）。这种变化不仅来自外部的新媒体，也有来自内部各种信息分发渠道的影响。例如，原来一个电视台最多有十几个频道，一份报纸最多有几个子刊，现在的一个媒体平台动辄是数十个甚至上百个新媒体组成的矩阵，更不用说今日头条这样的超级平台。在这种情况下，媒体之间的竞争就是无限扩张的媒体渠道与有限的受众注意力之间的竞争，那么可以选择的路径主要有两条，要么努力增加流量，成为"头部"渠道，从而成为马太效应的获益者，要么突出自身特色，靠差异化取胜。从这个意义上说，在渠道唾手可得的时代，媒体竞争主要已经不是渠道的竞争，而是渠道呈现内容的竞争。

（三）渠道关系的变化

传统媒体向新媒体转变的过程中，媒体渠道之间存在着不同的关系，以电视行业为例，主要包括四种类型：渠道独播模式，是渠道中的一方对另一方拥有所有权而产生的控制权，如湖南卫视的节目在网络上只在芒果 TV 播出；资源覆盖模式，是基于企业优势的单边权利治理机制，如央视春晚、国外大型体育赛事等，由于渠道本身品牌、网络、信息等方面的优势对渠道另一方形成压力，容易存在溢价的情况；节目同播模式，是卫视与网站之间形成临时性的约定关系，以制作方售卖节目为出发点，例如，某档综艺节目在某卫视与腾讯视频同步播出，这两个渠道在权利对等的基础上以契约的方式加以约定；战略联盟模式，是基于权利对等的关系规范型双方治理机制，两个渠道成员在权利对等基础上形成长期双方关系。

（四）传播价值的转移

当"渠道为王"的时代已经过去，过去因传播渠道而附生的价值正在衰减，单纯的渠道在社会传播中的地位和作用正在减弱，而内容本身的吸引力及场景化、社群化的传播价值更加凸显。新媒体竞争时代的特点在于，传播渠道拥有的掌控能力对媒体核心竞争力的贡献将越来越小，而媒体对于传播内容的原创能力及内容资源的集成配置能力，以及对于受众的吸引聚集能力、内容变现能力及相关产业链的发展能力越来越成为竞争的关键。

新媒体形态的发展速度越来越快。但是多元化的信息传输渠道带来了两个挑战。一个是聚合能力，在信息渠道过剩的大背景下，如何聚拢受众的注意力成为关键，于是今日头条等信息平台、新闻推荐类客户端、各种指数排名榜单等应运而生。另一个是转化能力，一个事件或一个话题，在什么媒体形态上播出能快速"引爆"，这种情况下内容营销成为媒体关注的焦点。例如，一档综艺节目《爸爸去哪儿》，我们能够发现每周网络上都会有一个话题点被"引爆"，并且"引爆"的时间点为节目播出前一天。

就传播内容的原创能力而言，由于外部资源的社会共享程度日益提升，独家资源、独家素材变得越来越稀缺，它们也很难成为一家新媒体核心竞争力的支撑点。因此，如何依靠自己的内部资源，将外部共享的素材资源赋予附加价值就成了未来媒体开展内容竞争的重点。换言之，内容竞争的重点已经由独家的素材、独家的新闻、独家的资源竞争转变为独家的选择、独家的制作、独家的组合、独家的视角、独家的观点竞争。

传播产品的社会价值主要包括两方面：提供事实判断和提供价值判断。当外部的事实性素材的社会共享程度很高时，事实报道的准确、客观、迅速、全面、平衡就会成为传播工作的一种常规操作，新媒体在这一层面的价值表现会越来越平均化；而价值判断的独到性和深刻性，则更加考验新媒体的竞争能力。

▌二、商业化图景

当下，各大新媒体平台都在转向社交娱乐化，这使对深度话题探索与思考的需求没有得到足够的满足和释放，在渠道过剩的时候，新媒体平台不需要更多的流量，而是需要高质量的内容，这也是新媒体获得商业收益和长远发展的根本。

（一）需要对流量文化加以审视，担负起更多社会责任

新媒体需要建立正确的商业逻辑，而不是一味地追逐流量，因为过分追求流量，带来的是媒体内容的"失重"，即内容日益趋碎片化、娱乐化、肤浅化。

流量是当前大多数新媒体追逐的核心，媒体原本产出的高质量内容被娱乐化大潮挤占了生存空间，智能推荐、无限刷屏、迎合受众注意力的信息流正在成为许多新媒体平台的标配，整个新媒体的内容生产形成了以流量为中心的运转机制。当然，它在一定程度上迎合了移动互联网时代受众碎片化快餐阅读与个性化阅读的需求，但它所产生的负面效应也是明显的，一方面是导致内容偏向低俗化，另一方面是功利化，如通过奖励机制让受众沉迷于浏览低质量的内容，这会导致整个新媒体文化成为流量文化、粉丝文化和功利文化。

新媒体组织作为商业组织，需要考虑盈利，但在这种以流量为核心的商业模式的影响下，越来越多的受众会沉醉在"娱乐"的氛围之中，这并不是一种健康的互联网文化。一方面，当下越来越多的中国互联网公司进入世界互联网行业的前列，中国的互联网经济正在释放巨大能量与潜力。但这也释放了一个信号，中国互联网公司的体量与影响力越来越大之后，它不应该仅仅考虑盈利，而要担负更多的社会责任。优秀互联网公司的所作所为，将对整个新媒体生态起到重要的示范作用。另一方面，随着受众文化教育程度的提高，受众媒体素养的提升，新生代受众对更高的内容质量有了更多的需求，新媒体应该更好地顺应这一趋势。

（二）转变内容"失重"趋势，推动媒体内容消费升级

当下，从社交媒体到短视频直播，再到二次元社区与新闻资讯类平台，新媒体传播整体上呈现短链条、浅层次的社交与内容的"狂欢"，一个例子是，受当前各种资讯平台和直播短视频平台的智能推荐与信息流模式的影响，受众浏览的内容"快餐"欠缺知识的积累与连贯性。

在内容过于肤浅之外，有些新媒体平台甚至刻意采用易于引起歧义的标题和版式，这种抓眼球的玩法，带来了短期的流量"吸金"效果，但对于整个新媒体文化的积淀与提升并无益处。它没有引导受众通过一个问题进行探索，没有推动更多人参与话题的深度讨论，没有促成受众问题的解决，而只是满足了当下受众无须思考的感官刺激。

更多的资讯内容平台和新媒体因受众的到来而带来了更多流量，但受众却没有变成更好的自己，将碎片化时间虚掷于各种娱乐休闲之中，这给受众带来的是意义空虚与价值迷茫。从这个角度来看，当下信息流模式下，新媒体平台应该思考的是，如何

通过高质量的内容来维持品牌声誉，赢得尊重，这要求新媒体平台应该从内容层面引导受众从浅薄走向深度思考与理性思辨，推动内容消费升级，而非一味迎合受众浅层需求的内容消费需求。

（三）新媒体发展到更高阶段，需要对受众的成长负责

如果未来新媒体的发展依然坚持以获取流量为核心的思路去迎合受众的需求，它带来的负面效应除了可能让受众因各种娱乐化产品内容上瘾而无法自拔，浮躁、空虚与精神贫瘠成为常态，还可能会带来更多的争议与社会问题。而随着受众对高质量内容需求的提升，流量导向模式下的内容质量很难满足受众更高层面的精神需求，新媒体要确保自己的影响力和生命力，需要产出更优质的内容，增强新媒体内容的厚度与深度。

这就是说，好的新媒体需要调整平台机制与内容产出的方向，平衡流量与质量的冲突及利润与社会责任之间的关系，它需要从内容质量输出层面对受众的成长担负一定的责任，并建立持续产出高质量内容的机制。例如，从"知乎"的模式来看，知乎多年积累的优秀回答可以被反复利用，相关问题的回答会一直处于更新与信息扩充的状态中，这就是知乎通过平台的模式赋予内容以连贯性与丰富性，推动知识的积累与完善，帮助受众成长。

新媒体还要考虑，如何让更多个体发声，塑造更为平等与理性的新媒体文化氛围。它依赖高质量的内容与理性思辨的平台氛围，从而推动各行各业的专家学者甚至普通人的参与和成长，通过良性的新媒体文化建设，塑造更加理性的媒体价值观。

网络是第二社会，它在不断降低社会沟通和市场交易的成本的同时，也影响到了人们在线下的处事准则与方式，新媒体空间的健康与否在某种程度决定了社会的面貌。当新媒体平台不再仅仅依赖流量去获取营收，而是深入渗透到人们的工作和生活中去推动生产方式的变革时，这个时候网络环境就会极大地影响到社会个体，这需要更多新媒体平台特别是大的新媒体平台输出新的行业标准及良性的文化与价值观，抛弃纯粹以吸引受众眼球为主的流量思维与文化。

（四）选择良性合理的商业模式，实现新媒体自身的持续发展

过去有人做过论断，今后将没有互联网企业和非互联网企业之分，所有的企业都将是互联网企业。企业需要考虑商业模式和盈利问题，即使是出于兴趣运营一个新媒体账号，在拥有庞大的粉丝及长时间持续更新之后，也势必会面临缺乏动力及疲惫不堪的情况。这种时候，变现就是一种很好的激励手段。而变现模式也有很多，新媒体需要根据自身情况选择合适的变现模式。

（1）品牌模式。某一领域的关键意见领袖（Key Opinion Leader，KOL），为自己的专业或本职工作背书，即便不通过自媒体赚钱，也能抬高自己的声誉或身价。一些新媒体人出身于传统媒体，却凭借自媒体的影响力实现了职业生涯的跳跃。

（2）名人模式。与品牌模式相似，知名自媒体人肯定是 KOL，但未必局限于某一领域。他们有着很强的个人魅力和庞大的粉丝群体，可以通过广告、打赏、衍生品开发获利。

（3）写手模式。一些新媒体人缺乏自我包装和粉丝运营能力，商业人脉也不是很广，但确实能写出好文章。一方面，他们可以在网易云阅读、豆瓣阅读等平台上开辟付费专栏或创作电子书进行销售，并且也有机会被出版机构发现。另一方面，他们可以成为某些机构的特约撰稿人，公关公司和商业机构对有深度创作能力的写手还是很需要的。

（4）渠道模式。只要具有一定的粉丝基础，并且能够进行准确的消费者画像，自媒体的渠道价值就能显现出来。尤其是垂直号或区域号，有着很强的受众黏性，转化率有保证，是产品、服务推广和销售的绝佳渠道。

（5）产品模式。有些新媒体不满足于仅充当他人的广告和营销渠道，开始推出自己的产品，有做内容产品的，有做服务产品的，也有做实物产品的。例如，"幻方秋叶 PPT"的运营者秋叶推出了多个 PPT 培训教程，取得了可观的销售业绩。

（6）会员模式。会员模式表面上是粉丝和社群运营，核心是资源的套餐式、标准化输出。以"理财巴士"的运营者为例，他曾是金融行业的从业者，在自媒体运营上高度模仿了"罗辑思维"的运营模式，招收了 1500 多个付费会员，依靠对市场需求的洞察和理财知识与实践为会员持续输出内容。

（7）联盟优选模式。各类自媒体联盟的出现，改变了自媒体人各自为战的模式，形成了与传统商业媒体相抗衡的趋势。在广告主、公关公司与自媒体的合作中，自媒体联盟扮演了中介和经纪人的角色，在一定程度上加速了自媒体商业价值的变现。

（8）平台交易模式。在数以百万计的自媒体阵营中，KOL 和粉丝大号终究只是个别，更多的账号处于长尾的位置。根据"80/20"法则，这些账号的个体价值似乎并不大，但合在一起却有可能成为"蚂蚁雄兵"。另外，还有一些自媒体广告营销平台，帮助长尾自媒体推销产品，帮助中小广告主采购，但是平台的入驻账号太多，又缺乏自媒体价值和信用的评估体系，容易造成广告主的选择障碍，这就需要平台在交易的撮合机制上向精准匹配方向努力，从而提高成交率和投放效果。

近年来，知识付费成为潮流，构成了新媒体的内容产业。在其中，高质量的内容是变现的前提，在产出优质内容的基础上，不同的平台会对内容变现的方式产生直接的影响，大体上可以划分平台型和工具型两类，并表现为以下 6 种形态：一是付费专栏，如喜马拉雅 FM、得到、豆瓣时间、简书等；二是直播互动，如知乎 Live、荔枝微课堂等；三是付费问答，如分答、微博付费问答等；四是线下约见，如混沌研习社、在行等；五是付费群组，如小密圈、贵圈等；六是第三方支持工具，如短书、小鹅通。新媒体写作者可以根据自己的特点和需求进行选择。

▌三、传播方式的变革

传播渠道的变化与传播方式的变革互相促进，呈现出以下几个新的特点。

（一）技术赋能的趋势日益凸显

技术催生了新媒体的诸多变化，如载体的移动性不断增强，从计算机到手机等移动终端，App 大量出现；多介质传播成为主流，音频、视频、H5、小程序等被广泛采用；实时互动性更加明显，如电商客服、网络授课、直播等层出不穷；个性化需求的满足受到重视，如个性定制、算法推荐等。

大数据、人工智能、虚拟现实等智能化技术日渐成熟，推动内容运营方式大变革，从现在的社群化运营转变为未来的智能化运营，它们将为新媒体的融合与转型发展提供新的契机。具体来说，大数据将带来媒体生产与服务的新模式，扩展受众定位的广度与深度，凸显受众的反馈价值，挖掘有深度、预测性的内容，提升呈现与解读内容的能力，并打破所有媒体的边界，构建大融合的媒体生态；人工智能将极大地提升信息传播和信息交互的能力，并扩展其边界，智能采访、智能问答、智能影视、智能助理等服务的发展完善，将为每位受众提供个性化的专属信息化服务，这不但能够提升内容信息的价值，而且能够大大降低内容获取的成本，提升传播效果。

（二）呈现个体传播、组织传播、人际传播与大众传播交织的多重传播特性

新媒体集聚了自我传播、人际传播、组织传播和大众传播的全方位传播能量，从内容、渠道、受众三个方面打破了传统媒体的壁垒。以微信为例，朋友圈、微信群等具有个体传播、人际传播和组织传播的性质，同时又具备向大众传播演化的趋势。例如，一位老师在微信朋友圈，发布了"世界那么大，我想去看看"的辞职信，很快就在网络上引起了极大关注。

（三）UGC、PGC、OGC 并存的生产模式

按照内容生产者来划分，新媒体主要有 3 种模式：专业生成内容（Professionally-generated Content，PGC）、用户生成内容（UGC）和职业生成内容（Occupationally-generated Content，OGC）三种。这三者之间既有密切联系又有明显区别。一个新媒体平台的 PGC 和 UGC 往往有交集，表明部分专业内容生产者既是受众，也以某种专业身份贡献具有一定水平和质量的内容，如微博平台的关键意见领袖、科普作者和政务微博。PGC 和 OGC 也有交集，一部分专业内容生产者既有某种专业身份（资质、学识），也以提供相应内容为职业，如媒体平台的记者、编辑，既有新闻的专业背景，也以写作为职业领取报酬。而 UGC 和 OGC 一般没有交集。受众和职业内容提供者一般是相对的。

UGC 和 PGC 的区别，是有无专业的学识、资质，在特定内容领域是否具有一定的知识背景和工作经历。PGC 模式一般有较为完善的内容加工流程，而 UGC 更倾向于个人化、碎片化的视角。PGC 和 OGC 的区别，以是否领取相应报酬作为分界，以及创作内容的过程属于个人行为还是属于职务行为。

（四）体验化、场景化、社群化的新传播生态

体验化内容的出现，代表着媒体内容，决定着消费升级的方向。例如，参与性新闻就是一种媒体和受众之间协作、对话的过程。新媒体提供一个话题，邀请受众参与讨论、提供建议和反馈，甚至参与内容的创造。整个过程中，新媒体会随时给受众分享思考问题的角度、方式，交换评论意见并不断对内容进行更替和丰富，形成多频次、多连接的体验式内容，让受众产生一种主导意识，逐渐与媒体形成亲密关系。

打造高交互的场景化内容，逐渐成为新媒体运营的重点。高交互的场景化内容有两个特点。一是基于受众精准定位的垂直化、专业化的细分需求。例如，专业就医、精准理财、知识解读等，这些垂直化、专业化领域的市场成本高昂，且优质资源稀缺，竞争者少，交互性强，如果新媒体具备持续的优质内容产出的能力，往往能快速获取该领域的红利，做到"头部"。二是标签化、圈层化、有温度、带有仪式感的场景带入，这是受众痛点（真实需求）和情感价值的连接。例如，"罗辑思维"传递的不仅是知识，而且还是精英智者的场景化想象。

社群作为差异人格化的群体汇聚，实现了新媒体内容参与、反馈和商业转化的过程。社群由于目标受众精准，天然具备高黏性与互动性，因而存在 3 大赋能。一是通过"PGC+UGC"模式，避免了个体创造力衰竭、内容同一化问题。二是重新诠释了内容与商业之间的关系。与传统媒体靠一则新闻、一部剧实现"一锤子买卖"不同，维系社群中的受众关系需要靠持续不断地更新内容来推动，社群的存在与发展也必须以商业为基础，这就迫使内容成为商品，并在每一个生产、传播节点及与受众的连接

点中都能实现商业转化。三是打破"前端内容+后端商业"的排列顺序,创建最短的商业变现路径。社群改变了传统媒体先内容传播后广告变现的传统商业逻辑顺序,演变出先广告变现后内容生产的定制或会员模式,创造了边生产边变现的打赏模式等,从而最大限度地缩短了商业变现路径,增加了变现的频次与总量。社群以宽渠道、自营销、高转化等特点逐渐成为内容传播的主流方式。

思考题:

1. 渠道过剩的时代,渠道的价值主要体现在哪些方面?
2. 如何平衡好内容质量与商业利益之间的关系?

第四部分
谁来写？
新媒体写作主体与素养

第十一章
揭开"小编"的面纱

新媒体写作主体大体上可以分为两类，一类是作为组织的一员，在新媒体机构或非媒体机构中从事与新媒体传播相关的工作，这对其而言是一种职务行为；另一类是自由度高、呈离散状的新媒体人，其所从事的新媒体工作是一种个体行为。本章先介绍第一种组织化的新媒体人。

在新媒体世界中，"小编"是一个高频率出现的词。这个名词最早是互联网编辑的自称，"小编"由于不能采写，主要靠编辑加工来生产内容，而如今，新媒体创作者已不仅是互联网编辑，而且是内容生产者兼受众，但我们习惯性的叫法还是"小编"。在这里，我们用"小编"这样一个通俗的称谓，指代组织化的新媒体人。

一、组织化新媒体人的属性

简单来说，组织化新媒体人，就是为具体的新媒体机构或非媒体组织效力，从事新媒体内容创作、传播和新媒体维护、运营等相关工作的人员。他们具有以下几个方面的属性和特点。

（1）作为组织的执行人。作为一个组织中的新媒体人，他/她代表的不是自己，而是其背后的组织机构，不管这个组织机构是规模庞大的企业，还是只有几个人的新媒体小公司，都是如此。这意味着，组织化新媒体人在从事新媒体传播的过程中，做出的行为是一种职务行为而非个人行为，利用的是组织的资源，发出的是组织的声音，维护的是组织的品牌形象，虽然组织化新媒体人可以有较为鲜明的个人风格，但这种个人风格不应该"凌驾"于组织之上，个人不能为博眼球而发布未经组织认可的虚假、煽情、媚俗等内容。从受众的角度说，组织化新媒体人发布的每一条内容都代表该组织的声音和意图，而不会被理解为"小编"的个人行为。从组织的角度来说，组织对组织化新媒体人在新媒体渠道上发布的所有内容也负有监管职责，如果监管不到位出现问题，也无法推脱自身的责任。

（2）作为信息的"中继器"。新媒体人对于所处组织来说，也是一种信息的中继器，承担内部向外部、外部向内部的信息传递工作。中继器的作用主要有信息的生成、传输、筛选、加速、放大等方面，通过这些，新媒体人实现内外信息的沟通无阻；同时信息经过选择、整理、加工，也不会杂乱无序，更加符合组织的信息传播意图。

（3）作为"把关人"。把关人是传播学中的一个重要概念，是指信息传播过程中的信息控制者，尤其是在媒介组织内承担信息采集、选择和加工等任务的信息制作者和传播者。把关人理论最早是由美国著名社会心理学家、传播学四大奠基人之一库尔特·卢因（1947年）在《群体生活的渠道》一文中提出的。卢因认为，在群体传播渠道中，存在着一些把关人，只有符合群体规范或把关人价值标准的信息才能进入传播渠道。1950年传播学者怀特将这个概念引进新闻研究领域，明确提出新闻筛选中的"把关"模式。把关人这一概念最早是社会学家在研究群体传播时提出来的，后来被用于大众传播领域。当我们从新媒体组织或非媒体组织机构的角度来考察把关人的作用时，对其内涵的把握应该注意以下几点。

首先，把关是一种组织行为，是一个多环节、有计划、有目的的过程，其中虽有新媒体工作者个人的活动，但是把关的目的和结果总体上是组织意图的体现。其次，新媒体工作者在把关时，不可避免地会站在自己的立场上，对信息进行筛选和过滤，并不具有纯粹的"客观中立性"，而是带有一定的主观色彩。最后，通过把关所进行的信息选择尽管受到组织目标、受众需求及社会文化等多种因素的制约，但是与组织战略和利益一致或相符的内容更容易优先入选、优先得到传播。

同时，我们也要注意到，在新媒体时代，在大众传播领域，传统的把关人理论遇到了新的挑战：一是把关人的角色被弱化，网络传播的去中心化特点，使昔日的把关人失去了信息传播中的特权；二是把关的可行性降低，新媒体传播的迅捷性和无障碍性、无数个体化的传播主体、无数信息发布点导致的海量信息，让把关人无能为力；三是"把关权"的分化，在新媒体传播网络中，信息传播者和受众都是其中的一个节点，传播权几乎完全被大众所分享，传统意义上的把关人分解为网民个人、新媒体人员、新媒体组织、监管方（监管方主要通过媒介制度行使把关职能，表现形式主要是国家政府组织或相关行业组织制定法律法规及职业守则等。法律法规通常具有强制性的约束力，职业守则则是较为软性的自律规范。这体现了政府组织或相关行业组织对新媒体"把关人"的约束和引导）等。从中可见，组织化新媒体人是很重要的一种把关力量，一方面，他要按照组织的意图对信息进行处理和修正，另一方面，他还要对信息的真实性、传递的价值观等进行审查。

（4）作为"界限沟通者"。组织界限沟通者是指以与外部环境进行交换为职责、从事沟通和传播的组织成员。在系统学派看来，组织的组成中有两个要素：对环境的开放性和"可渗透的边界"（Permeable Border）。组织是开放的系统，组织通过组织传播与外界进行信息的沟通，这得益于界限沟通者的作用。界限沟通者的主要功能在于：根据组织和外部环境的需求，搜集、过滤输入的信息；代表组织向组织外部环境发布处理过的信息，以影响外界对组织的认识；替处于危机中的组织承受外界压力，通过缓冲使组织的核心机制免受外部环境的干扰。

开放系统具有"负熵"的特性，即维系本身良性运转和成长的能力，它和外界的交流是维系系统自身生存的重要因素。正是由于信息的流动，负熵才可能存在，因为一个能够与其所处环境进行有效互动的开放系统更有利于组织；而一个封闭系统更容易接近混乱和无序。但是，在组织运行中，一些不宜向外输出的信息如果不慎穿越边界，容易给组织的目标带来不利影响。同样，一些未经检查的信息随意输入，也会给组织带来伤害。这说明，可渗透的边界并非通透无碍的，它可渗透的密度和强度应该围绕组织目标进行调整，信息的内外传播应该在组织的掌控之下。

二、组织化新媒体人的构成

在新媒体机构或非媒体组织中从事新媒体传播的人员的来源主要有以下 3 个。

（1）由传统媒体人转型而来。这一部分占有较大的比例。原来传统媒体的从业人员，在新媒体的冲击下，或转移到新媒体部门，或加入新媒体机构，或进入企事业单位等从事新媒体传播工作。传统媒体人转型从事新媒体工作，具有较大的优势，因为从内容生产的本质来说，两者是一致的，只是内容传播的手段和载体有所不同。一些在新媒体领域知名的从业者，很多都拥有较为丰富的传统媒体从业经验，如"六神磊磊读金庸"公众号的创建者王晓磊原是新华社记者，"罗辑思维"创始人罗振宇曾在中央电视台工作多年。但是，传统媒体人转型新媒体的劣势在于，他们容易受固有经验和思维定式的影响，在适应新媒体的传播方式上面临的障碍更多一些。他们如果能顺利跨过这道障碍，传统媒体人经过严格训练及其丰富从业经历所具有的采写能力、信息获取能力、敏感性等，都将对其做好新媒体工作助益颇多。

（2）原生的新媒体人。这是指从业之初就进入新媒体行业工作的人，他们没有传统媒体从业经验，这其中有一部分人是高校毕业生，一毕业就进入新媒体机构，从"新人"逐步成长为骨干；还有一部分人是从相关行业转行而来的，如信息通信行业、市场营销行业、公关行业、咨询行业等，由于这些行业与媒体天然的"亲缘"关系，这些行业的人很容易在新媒体大潮中转变过来。这一类新媒体人的优势在于有活力，创新意识强，没有太多条条框框的约束，容易打破常规，做出优质的内容。但劣势也在于，他们没有经过严格的新闻理论和实践的训练，缺乏对新闻理念、传播规律的感知和对新闻传播伦理的敬畏。特别是在新媒体从业门槛较低的情况下，大量人员涌进其中，一些人员缺乏对内容品质的追求，一味追求流量和利益，导致创作的新媒体内容良莠不齐，大量低质量、同质化的内容充斥新媒体平台，这是需要引起新媒体人注意的。

（3）新媒体工作作为其工作的一部分的职业人。这主要是指在非媒体组织机构中从事新媒体内容生产和传播的人员，如在企业、事业单位、政府机构、公共机构、研究机构、高校、社会组织等组织平台中，随着新媒体的流行及其影响力的提升，几乎每一个组织都建立了自己的新媒体渠道，有的甚至建立了多个新媒体渠道，构建了多个账号、多种形态的新媒体矩阵。除了一部分组织机构成立了专门的新媒体部门、设立了专职人员之外，大部分组织机构出于成本和人员编制等考虑，新媒体岗位往往是已有的在职人员在兼职。他/她们在从事新媒体传播工作的同时，可能还肩负了行政、技术、营销、研究等工作，只能将一部分时间花在新媒体运营上。这部分人员的一个优势在于，能够较好地将新媒体传播与其他工作进行协同和信息共享，使新媒体传播在内容的来源和质量上往往更有保障。相比单纯的新媒体人员，他们能更紧扣组织的目标和战略等。劣势则在于由于没有专职机制的保障，他们的工作专注度会受到影响，由于没有足够时间钻研业务，他们在新媒体传播的专业程度上会"打折扣"，如果没有相应的激励机制，他们的工作动力也会有所不足。

三、把握几个关系

组织化的新媒体人需要处理和把握好以下几对关系。

（1）一专与多能的关系。新媒体内部是有一定的分工的，有的人员侧重于创作内容，有的人员侧重于运营，有的人员侧重于开发技术，有的人员侧重于维护社群等，但这种分工是相对的。新媒体机构或部门往往具有很强的灵活性，很多工作需要互相支撑、互相替代，在相对小型的新媒体组织内部，更是需要有人身兼多职。这就需要新媒体从业人员具备"一专多能"的特点，既在某些方面具有一定的专业性和特长，又是一个"多面手"甚至全才。他/她需要是一个好记者，会采访和挖掘信息，会策划选题，会写作；是一个好编辑，会组织选题，会架构栏目，会创作内容；是一个好的营销人员，知道如何做产品定位，如何做受众调研、受众画像；是一个好的运营人员，知道如何运营社群，如何增强受众参与感；是一个好的广告和设计人员，对图像和排版有自己的认知，知道如何把握色彩与风格；是一个好的技术人员，有产品思维，深知各个互联网内容产品的特性，知道如何对其加以运用；是一个好的商业人才，知道商业逻辑是什么，以及如何构建自身的盈利回报模式。所以，一个好的新媒体人，需要具备非常综合的能力。

（2）写作与编辑的关系。就新媒体内容创作而言，写作能力和编辑能力是新媒体人员最基础也是最核心的能力。写作能力主要是指新媒体人员的内容原创能力，要求新媒体人员有新的素材、新的观点或新的视角，能提供别人没有的信息增量，写出的文章尽可能被更多人喜欢和传阅，这是新媒体人员必备的能力。而构成这种能力的，除了文字驾驭能力，还包括思考判断、综合分析、逻辑推理等思维层面的能力。只有这样，新媒体人员写出的文章才会有思想、有见地。如果新媒体人员没有思想层面的建设，只有所谓的文笔，也是写不出好文章的。同时新媒体内容很多都有时效性，这就需要新媒体人员具备捕捉热点的能力，能快速跟进受众关注的事件，同时能找到合适的切口和角度进行报道或评述，而不是人云亦云。与写作能力同样重要的是编辑能力，因为新媒体内容不会都是新媒体人员原创的，新媒体人员有时需要对别人的文章进行编辑加工，有时需要对大量素材进行组合梳理，这就需要新媒体人员具备内容组织、内容整合等编辑能力。在传统媒体中，采写与编辑常常是分开的，而是新媒体中，这两者是很难截然分开的，写作与编辑的过程往往是融在一起的。编辑能力也包括版面设计能力，新媒体人员需要从形式上提升内容品质。新媒体人员除了具备编辑单篇文章的能力外，也要有整体规划平台内容的能力，这类似于传统媒体所说的编辑方针，这是在新媒体建设之初就应该完成的工作，后期虽然也可以调整，但是主体格调不宜频繁调整。

（3）内容与商业的关系。一个新媒体人员除了应具备内容生产能力之外，受众运营、活动运营、数据运营等运营能力，创意策划、营销转化、品牌建设等市场营销能力也是必备能力。完全没有商业考虑的内容和完全没有内容支撑的商业都是不可持续的，新媒体人员需要在内容与商业之间找到合适的平衡点。当然，有些组织化的新媒体人员并不直接承担商业变现的责任，或者其所在的新媒体本身也没有商业的目的，但从广义上说，新媒体人员依然要对商业因素（受众满意度等指标）进行考虑。这就需要新媒体人员在内容的针对性和合理的商业模式之间架上桥梁，设定新媒体的商业目标，制定关键考核指标（Key Performance Indicator，KPI），并且在实践过程中切实加以实施。

（4）对内与对外的关系。对于组织化的新媒体来说，它们是连接内外的纽带和桥梁，整合内部资源向外界输出，从外界获得反馈再影响内部的行动。从根本上说，新媒体的目的在于连接受众，传递价值。这就需要新媒体人员做好渠道推广工作，培养和积累渠道的社交能力，也就是与人沟通的能力，因此良好的社交能力也是新媒体人员必备的能力之一。新媒体人员应在构建渠道的基础上，做好受众运营，与受众建立良好的关系，时常与受众交流，掌握受众真正的需求，创新内容产品，带给受众良好的体验。

（5）组织性格与传播性格的关系。美国《连线》杂志对新媒体的定义是："新媒体是所有人对所有人的传播。"其内涵在于，新媒体本质上不是表达自己，而是与受众对话。新媒体不能自说自话，而一定要与受众实现同频共振。新媒体时代的传播渠道变了，这导致传播方式也发生改变。受众不再依赖传统渠道获取信息和传递信息了，新媒体要想获得好的传播效果，就一定要贴近受众，用受众更愿意接受的方式来进行信息的传播，这就是新媒体的"传播性格"。它应该是"温情的"而不是"高冷的"，"活泼的"而不是"死板的"，"接地气"的而不是"高高在上"的。这种传播性格与新媒体组织或非媒体组织本身的性格或有反差，这就需要新媒体组织或非媒体组织处理好两者的关系，不能让组织性格"绑架"了传播性格。组织性格可能是严肃、庄重的，传播性格应该是亲和、易于接受的。如果你的内容和产品与受众没有关系，与受众的生活和需求不匹配，那么，无论内容和产品多精致，受众都不会理睬。

传统媒体在这方面遇到的困惑更少一些，由于渠道的稀缺，传统媒体本质上还是精英传播，传播者往往比较自我，不太愿意主动迁就受众，而更喜欢"引导"受众的趣味和需求。在新媒体时代，还继续坚持传统媒体思维的人，对于迎合受众的需求会比较抵触和反感，但必须看到的是，新媒体内容和传统媒体内容在逻辑上有很大的差别。传统媒体是精英生产内容，将其"喂"给受众，而新媒体是大家共同生产内容，没有谁在其中天然具有优势地位。在相对平等的环境中，新媒体和受众除了都要遵守真实性、正确价值观、伦理道德等准则外，内容的影响力与能被受众接受的程度密切相关。在保证内容质量的前提下，新媒体采用何种传播形式和风格，本身并没有高下之分。新媒体如果要追求好的传播效果，就要考虑用相匹配的内容实现最大的效率。

思考题：

1. 在新媒体时代，什么是好的内容？好的内容应该具备什么样的特点？
2. 原生的新媒体人，应该如何学习和借鉴传统媒体的经验？

第十二章

人人都有"话筒"

新媒体时代，是一个人人都有"话筒"的时代，信息碎片化、平民化、去中心化成为特质。以个人身份创作内容并开展运营的自媒体，吸引了很多公众的目光，也极大丰富了新媒体的内容。本章对新媒体生态中的自媒体人进行简要介绍。

随着互联网、移动终端的迅猛发展，新闻传播渠道得到丰富与拓展，信息传递速度大大加快，多元化的信息环境正在形成。这让原本只掌握在职业新闻人手中的"传播权"，逐步为普通大众所共享。在传播渠道与传播形式多样化的今天，"人人都有话筒"，意味着信息来源日趋增多，传播手段更加便利，传播方式更加多样。越来越多的人成为自媒体人。

▍一、自媒体人的类别

自媒体人基数庞大，大致可以从以下几个方面来进行分类。

（1）按身份属性来分。在自媒体人中，除了全职从事新媒体工作的人之外，大部分自媒体人都有本来的职业身份，其中传统媒体从业人员的比例是最高的，这是因为传统媒体从业人员本身就具有媒体素养、资源、写作能力、捕捉信息等方面的优势，在工作之余从事自媒体创作更加容易。除此之外，自媒体人的身份几乎覆盖了所有的职业领域，如教师开展关于教育和教学的自媒体创作，医护人员开展关于健康与医疗的自媒体创作，企业家开展关于企业经营和管理的自媒体创作等，甚至农民、工人等普通劳动者也加入了自媒体创作的阵营中，使自媒体内容更加丰富。

（2）按专业领域来分。大量的渠道与海量的信息，造就了自媒体内容的丰富多彩，自媒体内容基本上包罗万象、无所不涉。如果按专业领域来分，每一个行业和专业都有垂直的自媒体，大的领域如财经、时事、科技等，每一个大的领域内又可以继续细分成更多的专业领域。例如，产业经济领域又能细分为汽车、能源、通信、交通、机械、建筑、医药等各个垂直领域。这涉及自媒体的定位问题，什么都懂的自媒体人是没有的，每个自媒体人都有自己的专业特长和行业积累。在自己擅长的领域进行内容创作，更能保证内容的质量，创作的内容也更能得到受众的青睐。受众也会根据自己的需求选择相应垂直领域的自媒体进行关注。

（3）按影响力强弱来分。同样是自媒体，影响力却有天壤之别，有的自媒体人写了很多文章却得不到关注，有的自媒体人创作的内容却会被争相传播。影响力的构成因素包括自媒体账号的订阅数，文章打开率、阅读量、转发量、评论数、点赞数、赞赏数等量化指标，还包括传播的广泛性、引起讨论的深度、影响的持久性、对社会和公众观念行为的改变等因素。一个自媒体账号影响力的主要指标是订阅数，单篇文章影响力的主要指标则是阅读量，这两个指标是其他指标的基础，两者之间存在很大的正相关关系，但也会有反差。例如，一个账号的订阅数不多，但其中的单篇文章可能获得很大的阅读量。自媒体人最希望看到的是自媒体账号在很高的订阅数基础上，每篇文章都能获得稳定的高阅读量。

（4）按运作方式来分。自媒体的运作方式也是多种多样的，自媒体人中有全职从事自媒体创作的，也有利用业余时间从事"副业"的；有独立一人从事自媒体创作的，也有组建团队来共同开展新媒体创作的；有只运营单个自媒体账号的，也有运营多个自媒体账号形成矩阵的；有完全服务于公益事业不考虑变现盈利的，也有以盈利为主要目的的。自媒体人选择什么样的运作方式，应该根据自身情况和条件及目标来加以考量。

▍二、自媒体人的身份定位

自媒体人与传统媒体人相比，既有共同的特点，也有其身份的变迁。自媒体人的身份定位主要体现在以下几个方面。

（1）作为智力资本的掌握者，从"知道分子"到知识分子。自媒体人以生产和传播信息为己任，生产的主要产品是知识产品而不是物质产品，其工作是一种主要依赖智力的"轻资产"型模式，我们可以将其称为智力资本或知识资本的掌握者。智力资本是人的一种综合能力，是一种智力和知识相互融合而带来效益的资本，也是一种能够创造价值或效用的能力。我们过去把拥有知识资本的人称为知识分子，但其所指代的是拥有知识和专业技能并以此为生的脑力劳动者，以新的标准来看，他们更应该被称作"知道分子"，即知识的拥有者与运用者。而"知道分子"进一步发展才是真正的知识分子，即以知识力量介入社会、影响社会的人。他们不仅掌握知识，还是知识的生产者与传播者，是需要介入公共生活、影响社会发展进程的人。他们只有这样做，才能把掌握的智力资本运用得更有价值。

当今社会，知识分子的内涵在发生着潜移默化的变化，美国学者萨义德认为知识分子"以代表为业"，称知识分子"有能力向公众，以及为公众来代表、具现、表明讯息、观点、态度、哲学或意见"。这种变化是时代进步与社会分工的结果，即真正的知识分子是从"知道分子"的大军中分离出来的。而自媒体的发展，有利于激活社会的智力资本，并推动"知道分子"向知识分子的转变。

（2）作为社会公共事务的参与者，从提供信息资讯到提出思想观点。自媒体具有媒体的属性，而媒体与社会的变化与发展进程息息相关。完全脱离现实的自媒体只能是空中楼阁，得不到受众的青睐。只有与社会发展同频共振、与广大受众"同呼吸、共命运"的自媒体，才真正有价值。不管是直接评述时事，还是报道客观情况，是介绍娱乐资讯，还是推荐生活方式，自媒体人都在从不同的角度、以各自的方式影响着社会，参与着社会的公共事务，影响着人们的思想观念和价值观。

自媒体人需要思考的是，自己传递的是正面还是负面的价值观，参与社会公共事务是积极的态度还是消极的态度；对社会热点事件和发展趋势能够提出真知灼见，还是只能人云亦云；对社会的进步能够起到正向的推动，还是负面的阻碍。对上述问题的正面回答，既是自媒体人的社会价值所在，也是其生存发展的根基所在。众多的自媒体都希望在激烈竞争中冲出重围，成为头部自媒体。在海量的同质化信息爆炸的环境中，越稀缺的内容越有价值，越优质的内容价值越高，因此，从单纯的提供信息向输出思想观点的转变，从浅层次的提供知识向正确影响人们思想和行为的转变，正是自媒体人需要努力的方向。

（3）作为非权力影响力的拥有者，从追求名气到追求影响力。好的自媒体能产生很大的影响力，这是一种非权力影响力，是自媒体人通过自己的内容输出产生的，本质上是受众赋予的，是一种互动性更强、更平等的影响力。自媒体具有影响力阶差，与传统媒体相比，这种内部差距甚至更大。但单纯地把影响力等同于名气，也有失偏颇。有的自媒体名气很大，发布的内容传播很广，但由于其传播的内容价值观扭曲、品质不高，因而声誉不佳，缺乏美誉度，这种名气也是不牢固的，随时可能遭到贬损，甚至荡然无存。自媒体人应该有正确的追求，在获得正面影响力的基础上提升知名度，其发展才是可持续的。

（4）作为新媒体商业的实践者，从内容生产到商业运作。自媒体人作为内容生产者，是要付出成本的，自然也希望获得正当收益，这样才能获得可持续的发展。自媒体人一味地付出而没有得到回报，是难以长久坚持的，除非是完全出于兴趣而不考虑经济回报，但即便这样也会考虑如何提升自媒体账号的影响力，从中得到成就感的回报。所以，自媒体人既是内容生产者，也是商业实践者。从某种意义上来说，自媒体就是一个微型企业，一样有成本核算、有市场营销、有 KPI 考核、有商业模式。例如，自媒体人根据自身情况从广告、赞赏、电商、社群四大变现模式中选择适合自身的模式，把线上内容生产与线下商业运作打通。好的自媒体往往是内容生产与商业运作相得益彰。

（5）作为类型文化的创造者，从个体到群体。自媒体已经成为当今社会一种重要的文化景观，同时它塑造了众多的亚文化，丰富了社会的文化生态。在自媒体世界中，受众可以因为共同的兴趣、爱好、价值观而形成不同的群体，互相交流。即便是再小众的文化，受众也能找到自己的同类，不管是音乐、影视、文学，还是传统文化，受众都能形成或大或小的群体，而且网络降低了社会交流的直接成本，提高了效率，也加速了这些类型文化的塑造过程，推动了社会文化的整合、衍变和创新。

▋三、自媒体人的社会机制

自媒体人与社会的互动关系如何？自媒体人能发挥什么样的社会作用？我们可以从以下几个方面来考察。

（1）关于赋能体系。自媒体人的赋能主要来自受众、市场、学界、同行、平台、媒体、官方等方面。受众是自媒体影响力的直接来源，受众给予的认可和支持，也是自媒体最主要的发展动力。市场会通过经济回报带来直接激励，处于市场头部的自媒体得到的经济回报是相当可观的，这给头部自媒体奠定了发展壮大的基础，也对其他自媒体产生了强大的示范效应。学界通过案例、研究、点评等方式，对重要的自媒体加以关注，提升其知名度和影响力。同行会通过互推等方式，互相提升影响力，实现多赢。平台与自媒体是相互需要的关系，平台需要自媒体增加平台流量，自媒体需要利用平台的品牌资源和集合效应，增加自己的曝光率，而平台也愿意引进和重点推荐高价值的自媒体，以增强自身的品牌吸引力。此外，媒体和官方也是重要的赋能方，媒体提供的各种排行榜、论坛、活动，官方提供的荣誉、报告等，都会让一些自媒体人崭露头角，为人所知。

（2）关于影响圈层与社会作用。自媒体人作为内容创作者和信息提供者，其影响是多层面的。一是个体影响。受众通过获取自媒体人提供的信息，自身发生改变。二是专业影响。自媒体人通过输出信息和观点，给某个行业、专业带来影响。三是社会影响。在更大范围内，自媒体人对公众的认知、情绪、观念、价值观产生影响。进而，自媒体人在重要事件、关键节点上的发声，还有可能产生更大的社会影响。尽管自媒体人发布的大部分内容是碎片化的、"速朽"的，但自媒体人应该努力的方向就在于抵抗这种"速朽"，在受众心中产生影响，在社会上留下痕迹。

从社会作用的角度来看，自媒体人能够给他人带来的影响涉及技能层面、知识层面、情绪层面、认知层面、态度层面和行为层面，这既可能是单一层面的影响，也可能是综合层面的影响，这是自媒体的社会作用不可小觑的地方，也是自媒体人应该勇于承担的社会责任。

（3）关于利益结构与回馈机制。自媒体人并不是在自说自话，而是在与他人进行沟通，必然会与外界产生联系。自媒体人的利益相关者包括粉丝、潜在受众、平台、同行、监管者、商业伙伴等，其利益结构包括个人利益、平台利益、受众利益、公众利益等，自媒体人要处理好与利益相关者之间的关系，找到多重利益之间的平衡点，构建多赢局面，为自身创造良好环境，也为营造清朗的自媒体环境做出贡献。

从回馈机制上来看，一个好的自媒体，在给社会带来正面影响的同时，也会给自媒体人带来多重收益，包括物质回报、精神满足和价值感、影响力、社会资源和动员能力等，还能给自媒体人带来能力增长及相应的发展机会。在内容创作能力和思维能力得到提升的同时，自媒体人在品牌营销能力、运营能力、技术能力、商业敏感性等方面也能得到提升，这对自媒体人长远的发展是有利的。

思考题：

1. 人人都有"话筒"的时代，相对于少数人才有传播信息机会的时代，哪些方面是进步的？哪些方面又存在退步的风险呢？

2. 对于自媒体带来的个体影响、专业影响、社会影响，你能分别举出实例吗？

第十三章

新媒体人员的自我修养

　　新媒体看似从业门槛不高，但是无论从提高新媒体内容质量来说，还是从整体上促进新媒体的良性发展来说，都需要新媒体人坚持高标准，加强自我修养，自觉提升自身能力素质。本章将阐述新媒体人所需的从业潜质、三大要素和能力素质要求。

当今时代，大量的人从事新媒体工作，即便很多人付出了很大的努力，但结果仍是"几家欢乐几家愁"。如何判断自己是否具有从事新媒体工作的潜质？进入新媒体行业之后，又如何才能更好地开展工作呢？时代在不断发展，新媒体行业对人才的要求自然也在发生着变化，新媒体环境下的人才需要具备什么素质，成为很多人思考的问题。

一、从业潜质

由于新媒体门槛低，很多新媒体人并没有接受过专业的理论知识学习，这导致其创作的新媒体内容同质化严重，新媒体人盲目追赶热点，还出现了各种"标题党"，这都揭示了整个新媒体行业目前存在的问题。新媒体人要真正做好新媒体，至少要具备以下几个方面的从业潜质。

（1）具有高度的目标驱动与成就驱动。新媒体人要真正把新媒体当作一项事业来经营，树立较高的职业目标，努力创作高质量的内容，立志为行业的发展贡献自己的价值，并从中找到成就感和价值感，而不是一味地考虑流量和变现。这也意味着，新媒体人要真正地了解和热爱新媒体，能够全心投入，不断树立新的目标，驱动自己持续攀登新的高峰。如果一提到和新媒体相关的事，新媒体人就能热血沸腾，激情四射，这是能做好新媒体的心理状态；而假如新媒体人谈起新媒体时无精打采，没有劲头，只是出于无奈或为了赚钱等目的才从事这项工作，那就很难有持续的激情。

（2）对从事新闻传播有强烈的兴趣。新媒体本质上属于新闻传播行业，新媒体人需要具备相应的理论和实践知识，并对探索通过新媒体载体进行新闻传播充满兴趣。新媒体人所学专业不一定是新闻传播学，但应该至少对新闻传播的基本理论、基本知识、发展现状与趋势有一定的了解，对时事热点具有敏感性，懂得新闻价值原则和新闻伦理要求，了解成功的新闻传播案例，掌握基本的新闻信息采写、编辑、排版、评论等基本技能，懂得媒体经济及互联网知识，具有良好的"网感"。新媒体人要了解传播的基本规律，传播形式虽然一直在变，但是引爆点、传播节点、传播形式这3个要素是不变的；新媒体人从事新闻传播要关注的内容也没有变过，那就传播者、传播内容、传播渠道、受众和传播效果5个方面。新媒体人要怀着盎然的兴趣，透过新媒体纷繁的表象，把握这些本质的规律。

（3）乐于表达和沟通。新媒体本质上是一种人与人之间的沟通，无论是内容创作，还是新媒体运营，都需要新媒体人具有良好的沟通能力。从内容创作的角度，一篇好的新媒体文章需要新媒体人搜集大量的信息，新媒体人需要了解受众的需求，甚至要听取产品经理、设计人员的意见，这就要求新媒体人与各方进行有效沟通。从运营的角度来说，新媒体人需要做产品定位，进行受众画像，提升品牌价值，提高受众活跃度，寻找产品与受众的结合点，进行活动策划与渠道开拓，这些都是以沟通为前提的。从数据分析的角度来说，新媒体人应该对发布的内容、开展的活动等的反馈和效果有整体的把控，了解数据变化背后反映的信息，及时调整内容创作方向与营销策略。从危机公关的角度来说，如果遇到可能有损新媒体声誉的突发事件和舆情，新媒体人必须及时与相关方进行沟通，妥善应对舆情危机，恢复品牌形象。

（4）具备持续学习的能力。新媒体人需要广泛地学习各种知识技能，特别是在知识更新加快、技术日新月异的当下，新媒体人如果不能快速地跟进学习最前沿的知识，将无法很好地适应新媒体的竞争。这就要求新媒体人第一时间追踪热点内容，掌握行业政策和监管要求，学习所在垂直领域的前沿理论和实践，了解最新的新媒体商业模式，跟踪新出现的技术应用等。在业务方面，新媒体人需要日积月累，持续深化学习，对于各种好的文案、表达方式、潮流用句，新媒体人都要有意识地搜集积累，形成自己的"知识库"，以备不时之需。

（5）具备良好的分析思考能力。在泥沙俱下、纷繁复杂的信息世界中，新媒体人要做到耳聪目明，有效甄别信息，形成独到观点和见解，并用合适的方式加以传播，这离不开良好的分析判断和综合思考能力。新媒体人要有良好的信息提炼整合能力，担任起为受众"取其精华，弃其糟粕"的责任，将真正有用的内容呈现在受众面前。新媒体人要有较好的逻辑思辨能力，能够透过现象看本质，提出有价值的独到观点，起到见人之所未见、发人之所未发的作用，而不是人云亦云。

（6）具有较强的创造力。创造力是新媒体人需要具备的重要素质。内容的创造力是基石，尽管信息传播的形式千变万化，但是受众对优质内容的追求是不变的，所以"内容为王"是一条不会改变的法则。优秀的新媒体人要具备内容创造力和思想创造力，能较好地驾驭文字，创作的内容首先要让受众理解，其次要能打动受众，再次要给受众以启发和思考，这样的内容才是吸引人的。形式上的创造也同样重要，这就需要新媒体人具备较好的设计和审美能力。因为新媒体涉及排版、编辑等领域，新媒体人应该学会用各种微信编辑器，巧妙运用 H5，使用精美图片，制作有创意的图表、动图和表情等。这些都需要新媒体人有一定的艺术修养和审美品位。

（7）具有一定的技术应用能力。新媒体人还要根据实际需要，掌握一定的技术应用能力，如拍摄、设计、策划、视频剪辑等。例如，目前比较流行的 H5，是一种很好的内容呈现形式，要想使内容有好的传播效果，新媒体人就需要良好的技术能力作为支撑。新媒体人虽不一定要掌握每一项技术，所在团队中有成员具备这些能力，或将某些工作适当外包都可以，但新媒体人应当至少要了解技术的发展趋势和前沿情况，知道如何选择合适的技术。

（8）具备良好的伦理道德与责任感。除了上述的各方面潜质外，新媒体人还应具备良好的伦理道德与责任感。现在的新媒体已经与受众紧密结合起来了，新媒体不仅代表着其背后的个人/品牌，而且通过输出的内容与公众产生互动，对社会产生影响。如果新媒体人没有正确的价值观，创作的内容很有可能遭到受众的抵制甚至排斥，也会给社会带来不良影响。新媒体人的能力不足可以锻炼，技术短板可以补充，但唯有正确的价值观是不可或缺的。

二、三大要素

能成功立足于新媒体时代的人才必然是全能型的人才，他们不仅要懂得传统媒体运作过程中的采、写、编等技巧，还要懂得摄影、数据分析、文案编辑、热点借势、媒介合作、活动策划、话题引爆等技能。而贯穿在这些技能当中的3大要素为学习、思考和表达。

（一）学习

归根结底，新媒体人最终拼的是学识和知识底蕴，拼的是与众不同的知识结构和认知能力，这就需要新媒体人以学习为基础。同时，新媒体是变化非常快的行业，行业一直在进步发展，所需知识需要新媒体人不断累积及更新。

新媒体人要快速学习，及时吸收新知识、掌握新技能，在工作需要时，需要快速进行专题学习，掌握某一个领域的知识。拥有广泛渊博的学识，可以使创作的内容专业性更强，增强说服力。新媒体人还要根据自己的需求来学习，知道自己缺什么，有针对性地学习提升，并终身保持学习的习惯，在学习中不断成长。

新媒体人要学会结构化学习，就是从整体上把握知识脉络，注重知识之间的联系，而不是只掌握一些松散零碎的知识。松散零碎的知识，因为彼此之间没有联系，所以不能够用来解决问题，也难以用于实践，也就是说，松散零碎的知识充其量只是一些名词解释。新媒体人开展结构化学习的初级运用，就是要清楚明白地掌握一些知识内容，把握其中的条理性和逻辑性；而开展结构化学习的高级运用，就是要用结构化的思维方式，建立结构化的知识体系；开展结构化学习更高级的运用，则是要随时带着完整的、深入的态度学习，甚至将其内化为一种潜意识，在学习过程中向"完整"和"本质"两个方面努力，不断吐故纳新。在知识碎片化现象日趋严重的情况下，有效的学习应该回归到掌握知识的整体结构和内在本质上来。

新媒体人要注重跨界学习，就是在现有的知识体系之外，再建立其他的知识体系，并让知识体系产生连接，形成一个更大的知识体系网。新媒体人需要跨越自己现有的知识边界，跨行业、跨领域地学习，寻求有针对性的多元素交叉学习，从而拓展视野、获得创新的灵感。跨界学习可以达到"他山之石，可以攻玉"的效果，即打破现有知识壁垒，突破认知范围，利用行业之外、领域之外的知识为当前行业和领域赋能，实现思维革新。跨界学习要融合新旧知识，多研究其他领域特别是学科重叠交叉之处，要靠近新兴领域，在不确定性中获得高知识收益。在具体做法上，新媒体人可以加入不同领域的"圈子"，广泛地接触和吸收知识，共同学习进步。

新媒体人要做到学以致用，以用促学，在学习的同时也要注意知识的输出。这其实是一种更高级的学习方式，也是一种学习的"倒逼机制"。简单地说，如果新媒体人把学到的知识或自己的观点，讲给"外行"听，并且他们能够听懂，这就算是比较好的知识输出，会促使新媒体人把学到的内容更好地消化、理解和吸收，真正变成内化于心的知识体系。这其实是一个"知识私有化"的过程。

（二）思考

学而不思则罔，只学习不思考，那学到的东西就是粗浅的、零散的、不成体系的，个人也很难有真正属于自己的独特创见。新媒体人要善于思考，优秀的新媒体人是思维敏捷且不断思考的人。

新媒体人要通过思考提高自己的信息辨别能力。网络信息化时代既带来了信息获取的便利，也导致信息过载。新媒体人只有在分析辨别中区分信息的真伪，在观察判断中抓住问题的本质，在冷静思考中去除信息泡沫，才能眼力渐长、观察渐精、辨别渐明，不断走向成熟。例如，新媒体人撰写新媒体文章时经常要结合热点，需要思考什么热点可以追、什么热点不可以追、对热点问题的阐述应选取什么样的角度，只有坚持正确的价值观，才能创作出高价值的内容。

新媒体人要通过思考提高自己的观点提炼能力。新媒体人要有自己的思想，这是重要的竞争力，而思考主要体现在创作的内容是否比别人更深入、更独到，更能给人以启发和教益。要做到这一点，新媒体人需要有高超的整合提炼观点的能力。对一个事件而言，网上有大量的素材，新媒体人需要考虑的是，如何有效整合素材，找到有价值的角度，形成原创的思想观点，而不是简单拼凑素材或人云亦云。新媒体人如果没有自己的思考，就会成为别人素材的"搬运工"，而不是观点的创造者。

新媒体人要提升深度研究问题的能力。很多时候，新媒体人需要的不是简单地思考问题，而是深层次思考问题的能力，这本质上是一种研究能力，是一种带着问题意识进行学术性思考的能力。面对同一个事件，新媒体人要想拿出与众不同的"干货"，对事件进行深度解读，提出自己的观点，仅靠简单的阅读和写作是做不到的，需要深入细致地调查、研究、分析事件才能做到。所以，创作一篇真正有深度、有价值的好文章，常常需要花费几周、几个月甚至更长的时间。从新媒体运营的角度来说，新媒体人也需要对很多问题进行深入研究，如受众数据所反映的规律，如何设计内容的形式使其更好看，如何开展社群营销活动等，这都需要新媒体人在博采众长中结合自身实际，全面深入地进行研究。

新媒体人要通过系统思考获得认知突破。系统思考是人们认识事物的重要思维方式，系统思考比单一思考更全面、深入、透彻，更能帮助人们把握事物本质。新媒体人只有在系统思考中，才能获得思想上的升华和认知上的突破。系统思考，就是以整体的态度看待事物，注意事物之间的联系和作用，以历史的态度，从事物的起源出发进行思考和分析，抓住事物发展的内在规律，对问题的因果关系进行动态了解，找出事情发生的真正原因。无论是新媒体内容的创作，还是新媒体的运营，这种系统思考的能力都是新媒体人十分必需的。

（三）表达

新媒体人最终要依靠表达来输出内容，使其通过语言、符号、图像等工具抵达受众，这是一个编码和解码的过程。可以说，表达贯穿新媒体全过程，表达是学习和思考的最终呈现，同时又反过来促进新的学习和思考。

新媒体人要提升以文字为主的表达能力。新媒体人最重要的工作就是输出内容，基于某一个细分领域，为受众提供持续的、有价值的内容。新媒体内容有文字、图片、音视频等多种形式，但不管新媒体人采取哪一种形式，文字表达能力都是基础。驾驭文字的能力及文字写作能力，是新媒体人的重要竞争力。在微信、微博、今日头条等平台上，文字内容都是其最主要的组成部分。新媒体内容在文字表达风格上是多种多样的，有的平实理性，有的激情洋溢，有的幽默风趣，但好的文字表达都有一些共同的特点，就是简洁凝练、逻辑清晰、表述完整、措辞严谨、修辞得当，能让受众看得懂、有收获，还能引起受众的情感共鸣，带给受众思想启迪。新媒体人需要创作出高质量的内容，才有人阅读你的内容。新媒体人要做到这一点，最基本的是要有效运用语言文字的能力，表述清晰、逻辑有序、无歧义的表达才能有效率地传递信息。

新媒体人要通过刻意练习实现持续的内容输出。新媒体人如何提高自己的文字写作能力，其实并没有什么窍门，简单的方法就是在写作中提升自己运用语言文字的能力，在写作中锻炼逻辑思维能力，拓展知识结构，提升个人涵养。这其中，新媒体人要刻意练习，首先是有计划、有目的地大量练习，其次是在学习区内练习，而不是在舒适区内练习，再次是持续不断地练习。只有这样做，新媒体人的写作能力才能不断精进，新媒体人才能持续输出内容。这既是新媒体人提升内容创作能力的必经之途，也是保证其输出的内容的质量的有效方法。

新媒体人要通过信息的再生产增强议题设置能力。议题设置也叫议程设置，由美国学者唐纳德·肖（Donald Shaw）和麦克斯威尔·麦克姆斯（Maxwell McCombs）在 1972 年提出，该理论认为大众传播往往不能决定人们对某一事件或意见的具体看法，但可以通过提供信息和安排相关的议题来有效地左右人们关注哪些事实和意见及他们谈论的先后顺序。议题设置能力是一个新媒体人影响力的重要表现，表现为发起新话题的能力，或对热点话题的讨论进行引导的能力，甚至改变讨论方向进行"翻转"的能力。新媒体人常常要结合热点撰写内容，关于热点，一是看时效，即谁能最快地提供有价值的观点和信息，二是看观点和信息被广泛认同所产生的影响力。这其实是新媒体人对表层、零散和即时信息进行深度利用和再生产，产出高质量内容的过程。如果人云亦云，新媒体人创作的文章只会淹没在热点文章的洪流中。只有具有独到的观点和切入角度，新媒体人创作的文章才能脱颖而出，才能对新媒体的讨论议题产生影响。

新媒体人要依靠高效表达使内容获得最佳传播效果。新媒体传播中有一个表达效率的问题，高效表达应该是使受众付出更少的成本，获得更大的收益。这是传播学中著名的施拉姆公式在新媒体领域的应用。施拉姆公式是被称为传播学之父的美国学者韦伯·施拉姆以经济学"最省力原则"为基础提出的计算受众选择传播媒介的概率公式，表示为：媒体选择概率（P）=媒体产生的功效（V）/需付出的代价（C），用于表示某种媒介被受众选择的可能性的大小：受众对某一媒介的选择概率，与受众可能获得的收益与报偿成正比，与受众获得媒介服务的成本或者费力的程度成反比。施拉姆提出的"最省力原则"揭示了在媒体消费行为中普遍存在的将成本收益比作为选择标准的基本行为准则。新媒体人要想提升传播效果，增大内容被受众选择的机会，通常来说有两种途径：一是增加受众可能得到的收益，二是减少受众需要付出的成本。受众可能得到的收益与媒体提供的内容有关，即信息的重要性、有用性、贴近性。而受众付出的成本则与获得内容的难易程度有关，即渠道通畅程度、内容是否易于理解等。新媒体人要让受众在最短的时间里获得最多的内容，这是在新媒体传播中需要加以考虑的。

新媒体人要根据产品定位做好对象化表达。新媒体人首先要知道自己的产品定位，知道自己要吸引什么样的人群，创作的内容适合什么样的人群。如果新媒体人没有做好产品定位，即使有再强的内容生产能力也白费。做好产品定位之后，新媒体人需要通过调查、研究、数据分析等方法做好自己的受众画像，知道什么样的人是你的目标人群，在此基础上，进行有针对性的对象化表达，根据目标人群的信息需求、文化程度、情感特点、风格类型，撰写新媒体内容，从而增强受众黏性，更好地满足受众需求。

新媒体人要强化内容的风格特点以增强辨识度。在数量众多的新媒体内容中，在海量信息的冲击下，谁都希望自己创作的内容能脱颖而出，给受众留下深刻印象。这就要求新媒体人创作的内容具有鲜明的风格特点，有独特的格调，不是千人一面的，而是能让人很快识别的；要求新媒体人发布的每一条内容与整体风格保持一致。新媒体内容的风格表现在文本语体、表述风格、沟通方式上，也常常通过外在的标题及视觉形式表现出来。在信息过载的情况下，内容的标题非常重要，如果标题不够吸引人，受众就容易错过内容，但如何在写好标题与"标题党"之间把握好平衡，是很重要的一点。从视觉上来说，内容的排版和美术设计很重要，新媒体人对内容的字体、行距、段落、图文搭配等都要探索出最佳的方式，给人以干净舒朗的感觉；而如果给人的视觉审美很差，会让人没有看下去的冲动。好的风格是内容与形式的和谐统一，是吸引受众很重要的因素，也是新媒体被受众认可的重要品牌形象。

三、能力素质要求

前面讲述了新媒体人的从业潜质和三大要素，从总体上说，新媒体人还应该具有以下三方面的能力素质。

（一）基础能力

基础能力或称必备能力，主要包括信息处理能力、新媒体写作能力、技术应用能力和运营能力。

信息处理能力又称信息素养，是指新媒体人能够有效选择、辨别和处理加工信息的能力。新媒体人既要掌握基本的新闻业务知识和传播理论知识，又要具备在实践中培养起来的注意力、辨别力和鉴赏力。注意力是新媒体人从纷繁复杂的信息中找出重点和热点的能力，辨别力是新媒体人在大量信息中取舍、甄别，区分信息的真伪与优劣的能力，鉴赏力是指新媒体人对内容、形式等进行优化的能力。

新媒体写作能力，就是新媒体人根据新媒体的定位和受众需要，创作图文、音视频信息等原创内容的能力。这项能力可以说是新媒体人生存竞争的基础，新媒体人光靠简单的拼凑等手法，是创作不出精品内容的。在新媒体行业内容同质化严重及受众素养和辨别能力日益增强的情况下，原创内容产出能力变得越来越重要。

技术应用能力也是新媒体人需要具备的，由于新媒体本身具有的技术属性，新媒体人应该对技术的现状和发展趋势有基本的了解，并能根据需要为我所用。这并不是说所有的新媒体人都要自己去研发和使用技术，而是新媒体人要具备技术理解能力、技术选择能力、技术运用能力和技术管理能力。

新媒体人还需要具备运营能力，这就需要新媒体人掌握基本的营销知识和能力，具有渠道管理能力、数据分析能力，以及社群与活动运营能力。新媒体人想要获取这些能力，除了不断学习，更重要的是不断实践。

（二）发展能力

发展能力是新媒体人不断成长所需要具备的能力，包括创新能力、内容策划能力、研究能力、社会传播能力、目标管理能力、资源整合能力、价值塑造与变现能力、社群动员能力等。

创新能力能够帮助新媒体人不断站在行业前沿。不论是在内容上、技术应用上、受众思维上还是运营上，新媒体人都要力求与众不同，不断超越自我，使创新成为自身竞争力的源泉。这种创新能力相对于他人而言就是力求与众不同，相对于自己而言就是不断推陈出新。当然创新并非凭空产生的，创新往往需要新媒体人从模仿学习和借鉴起步。同时，新媒体人进行创新一定要有目的，切合实际情况，而不要为了创新而创新。

内容策划是新媒体运营的基本手段，"内容为王"是永恒不变的法则，持续稳定的内容策划和输出能力是新媒体人最重要的能力。内容策划既包括新媒体人对单条信息内容的选题、角度、标题、框架、形式等进行构思和安排，也包括新媒体人对于内容定位、编辑方针、稿件来源、生产机制、风格等的把握。成熟稳健的内容策划能力是新媒体人的核心竞争力。

研究能力是新媒体人做好高品质内容的利器，主要是指新媒体人在一些特定领域进行深度研究，不满足于提供简单的信息，而是追求提供深度的、有价值的、与众不同的高端内容。这类似于传统媒体的深度报道，必然要求新媒体人有相应的能力作为支撑。这包括获取核心事实的能力、对信息进行专业化解读的能力、捕捉受众关注点的能力、知识管理与信息整合能力、对信息进行甄别考证的能力等。综合起来说，研究能力本质上是理解、判断、解决问题的思维能力。有了这样的能力，新媒体人就不只是简单的信息提供者，而是有深度的研究者。

社会传播能力与营销能力息息相关，是指新媒体人通过营销、公关、传播等方式，扩大社会影响，增强社会传播效果的能力。新媒体人拥有良好的社会传播能力，能更好地实现流量转化，也有助于打造品牌，并为自身赢得更好的发展机会。

目标管理能力即新媒体人根据新媒体的发展目标，基于现状和实际情况，采取有效手段，不断调整策略和优化路径，以达到目标的能力。这其中很重要的一点，就是新媒体人对受众数据的分析，如阅读数、转发数、点赞数等，对于这些数据，新媒体人目前都可自己计算或通过第三方平台导出。通过分析数据，新媒体人可以随时以目标为导向进行调整优化。

资源整合能力是新媒体人为了让新媒体发展壮大、产生影响必备的能力，包括寻找合作伙伴、协调维护的能力，与合作伙伴建立长期稳定的合作关系的能力，确定购买渠道、完成内容投放、实施效果监测、进行转化跟踪和复盘的能力。需要注意的是，在新媒体领域，有一些做法虽然短时间内见效快，但从长远来看是会带来伤害的，这就要求新媒体人学会辨别，守住底线。

新媒体人要想取得收益，就需要依靠价值塑造与变现能力。新媒体内容本身就是"产品"，所以新媒体人的首要任务的还是理解产品，熟悉产品的功能，理解受众使用产品的场景，明白产品能解决的受众痛点，快速解决受众提出的问题。价值塑造是建立在新媒体人对产品的理解之上的。新媒体人只有将价值塑造好了，变现才是水到渠成的事情。

社群动员能力是新媒体人扩大新媒体影响力的关键能力，包括组织、策划社群活动等方面的能力。活动分为线上活动和线下活动，新媒体人应从产品定位、受众画像开始，寻找产品和受众的结合点，增强受众黏性，提升各项运营指标。如果社群活动只是简单的发券、抽奖、送礼品或"地推"，可能吸引来的并不是最有价值的受众。社群运营中有一条很重要的原则是交换原理，即产品能给受众带来什么价值，受众能为产品付出什么。受众付出的要么是时间，要么是对内容的反馈，要么是金钱，而完全免费的产品则是没有价值的。

（三）保障能力

保障能力对新媒体人也很重要，它是新媒体人的"保险绳""安全网"和"防火墙"，包括信息纠错能力、风险识别规避能力、舆情应对与形象修复能力。新媒体人如果具备这些能力，就能够在可能的风险挑战面前沉着应对，化险为夷。

新媒体的时效性强、内容庞杂，社会上各种热点事件和话题层出不穷，而且常常出现事件"翻转"等情况，这就需要新媒体人具有良好的信息纠错能力。一是在发布内容过程中纠错，做到认真辨别，审慎发布。二是在发布内容之后纠错，如果发布内容之后发现信息有误，可以通过撤销、道歉、内容覆盖和跟进等措施，对原来的内容进行纠错。这需要新媒体人坚持实事求是的态度和有错必纠的原则，受众对有错能改的行为一般是会宽容的；相反，有错不改则是对受众的轻慢。

新媒体人具备良好的风险识别与规避能力，是对自身最好的保护。在新媒体创作和运营的过程中，新媒体人会遇到各种可能的风险，包括知识产权风险、法律风险、监管风险、市场风险、商誉风险等，新媒体人要在了解政策法规和相关案例的基础上，准确识别潜在的风险，并采取有效措施加以防范和管控，避免遭到大的冲击。

当某个新媒体的影响力日益增强时，可能会因为其在内容、运营和商业上的某些问题，而遭到舆论攻击批评，陷入舆情危机当中，这就需要新媒体人具备良好的舆情应对与形象修复能力。一般来说，新媒体人对危机处理和舆情应对是比较熟悉的，也有很多成熟的经验可循。这其中最重要的不是掌握知识技能，而是表明态度，如所犯下的错误是无心之失还是有意为之，遭到危机后是诚恳面对还是置之不理，这直接决定了应对效果。新媒体人如果能采取真诚的态度和合理的措施，在舆情应对和形象修复上将会取得更好的效果。

在今天，虽然人人拥有使用"话筒"的权利，但并非人人都能承担起相应的义务。在权利与义务失衡的状态下，也出现了一些不良的现象。例如，有人为达到预期传播目的，刻意扭曲事件，误导公众，践踏职业底线；有人急于在信息浪潮中抢速度、露头角，从而断章取义、捕风捉影；有人只做"拿来主义"的信息搬运，未经调查便盲目转载、重新"洗稿"，导致虚假新闻出现叠加式传播。这些现象的一再出现，不仅误导公众视听，侵犯当事人的正当权利，更严重损害了新媒体的公信力。所以，在人人拥有"话筒"的情况下，新媒体人肩负着更重要的责任。

思考题：

1. 除了本章提到的能力素质之外，你认为新媒体人还应该具备哪些必不可少的能力素质？

2. 为了维护新媒体的公信力，新媒体人应该在哪些方面努力？

第五部分
怎么写?
新媒体写作方法要领
与案例剖析

第十四章

新媒体写作要领

从"写作"到"媒体写作",再到"新媒体写作",其中暗含的发展脉络是什么?"新媒体写作"与写作、媒体写作有哪些共性之处,又有哪些独特之处呢?本章结合写作学、媒体写作的相关理论与方法,从写作与文本出发,进而从新媒体写作的案例中提炼出新媒体写作的四个要领。

媒体无处不在，写作无处不在，从新媒体的视角来看，一个新的写作时代已经到来。

在新媒体写作时代，写作正在从一般技能上升为必备技能，从单项能力上升为复合素养，从纯粹写作上升为公共表达，并且逐步打通工作与生活的边界，打通作者与读者的边界。

面对扑面而来的新媒体写作，很多人却没有做好准备；而能较好地把握趋势、抓住契机、游刃有余地做好新媒体写作的人，更是少之又少。原因在于大部分人在新媒体写作的知识储备、观念认知、方法要领等方面，缺乏相应的学习。如何让新媒体写作成为自己的核心竞争力，而非"最短的木板"，已显得越来越重要，越来越迫切。

新媒体写作作为一种更为广义层面的定义，我们把它简单界定为，是适应新媒体传播环境的写作规范和内容生成机制。

▌一、从"写作境界"到"好文章的标准"

如何写作，如何写好文章，历来是文章学、写作学及写作理论的基本命题之一，对于新媒体写作来说，同样如此。

一般来说，文无定法。元代学者郝经在与友人讨论时说："文有大法，无定法。观前人之法而自为之，而自立其法。"同时，他又指出："文固有法，不必志于法。法当立诸己，不当尼诸人。"这个说法是比较中肯的，既表明了写作"有法可循"，有规律可借鉴，又点明了如果想要更进一步，则需"外师造化，中得心源"，融众家之长，成一家之言。

关键问题在于，写作的标准是什么？或者说，怎样才能写好文章？著名经济学家、理论家王梦奎曾专门编著《怎样写文章》来介绍今人的写作主张，他自己提出写文章有四种境界，分别是：深入浅出、深入深出、浅入浅出、浅入深出。

其中，深入浅出是写作的最高境界，也是最难的；对于深入深出，"深出"故不可取，"深入"还是好的；对于浅入浅出，在某些场合，如文化普及，也是需要的；唯有浅入深出是卖弄博学，故作高深，用人人都难懂的语言讲述人人都知道的知识，对社会没有太大的作用，是写文章的大忌。

著名作家、新闻理论家梁衡曾专门撰文将好文章的标准归结为"一文、二为、三境、五诀"。

"一文"是指文采，文章是一门以文字为对象的形式艺术，它要遵循形式美的法则，并通过这个法则来表达作者的精神美。

　　"二为"是指写文章的目的：一是为表达思想而写；二是为表达美而写。文章既要有思想价值，又要有审美价值；文章有思无美则枯，有美无思则浮。

　　"三境"是指文章要达到三个层次的美，或者说要达到三个境界：一是景物之美；二是情感之美，文章要创造一种精神氛围让人留恋回味；三是哲理之美，文章要阐述一个让读者不得不信的道理，这三个境界一个比一个高。

　　"五诀"是指文章要达到"三境"的办法，即"形、事、情、理、典"，文章中一定要有具体形象，有可叙之事，有真挚的情感，有深刻的道理，还要有可借用的典故。

　　这些相对经典的概括，可以作为写作的基础标准或规范。那么，"新媒体写作"与写作和媒体写作有哪些共性之处，又有哪些独特之处呢？进一步说，从"写作"到"媒体写作"，再到"新媒体写作"，其中的发展脉络是什么？新媒体写作"新"在何处？"新媒体写作"是否要考虑受众？

▌二、新媒体写作要领之一：信息增量

　　前面提到，新媒体的社会功能之一是传递信息。随着社会的发展，人们对信息的依赖程度越来越高，好的信息具有实用价值、思想价值或审美价值。

　　2017 年，第四届世界互联网大会在浙江乌镇举行，凤凰卫视董事局主席、行政总裁刘长乐在主旨演讲中分享了一个观点：面对互联网媒体时代的信息海洋，面对复杂的新媒体传播环境，尤其是"假新闻"和"后真相"的频繁出现，我们更应该回归新闻专业主义的核心理念和精神真谛。

　　因此，开展新媒体写作应秉持信息增量的理念，并传递有效信息，这应该是第一要领。而要提供信息，需要做好两个方面的工作：信息核实，解决信息的真伪辨别问题；信息筛选，解决信息的质量优劣问题。

（一）信息核实：注重真实性，警惕"假新闻"

　　对于信息核实，新媒体写作者首先要在事实层面对写作素材或相关信息进行梳理和遴选，明确真假对错。这是开展新媒体写作的基本功之一，也是文章的生命力所在。

　　美国哥伦比亚大学新闻学院教授塞缪尔·G. 弗里德曼在《媒体的真相——致年轻记者》一书中，将"见证事实"作为新媒体写作的第一特性。他说，无论我们如何选择文字、声音和图片，也不管是通过《卫报》的网站、有线电视新闻网、美国国家公共广播电台或《泰晤士报》，我们都需要具备专业工作者的职业精神，以便理解这个世界。他认为，伦敦的博客写作者和手机摄影者能够提供文字和图片的"原材料"，

但是他们不能把这些文字和图片梳理和提炼成新闻学意义上的"书写历史的草稿"。

在信息核实的方法上，最为常见也最为知名的是利用"三个独立信源"相互佐证。即除了在基本的 5W，即时间（When）、地点（Where）、人物（Who）、事件（What）、原因（Why）因素之外，还需要寻找不少于三个独立信源进行核实，这样才能最大限度地保障信息的真实性。

信息不断涌现并快速更新的趋势，对信息的核实提出了巨大的挑战。如何辨别信息？资深媒体人比尔·科瓦奇（Bill Kovach）和汤姆·罗森斯蒂尔（Tom Rosenstiel）提出了"确证式新闻"，即强调准确的事实和完整语境的传统模式，这同时也是理想的新闻模式。它要求新媒体写作者通过多个信源来核实利益方提供的信息是否属实；并且尽可能地将所有利益方囊括进来。

进而，他们提出了"怀疑性认知方法"的六项规则。

（1）"我"看到的是什么内容？在阅读文章的时候，要有意识地分辨所读的内容是哪种类型的文章。当然，我们可能无法做到对内容的辨别，毕竟理解相关的术语需要具备一些专业基础。但是每个人基本上都能从文章中感受到作者的情绪，一篇合格的新闻应尽可能地接近客观事实。若通篇文章都在表达某种显著的情绪，则读者就应该对作者如此行文的目的提高警惕。

（2）文章的信息完整吗？假如不完整，缺少了什么？新闻的要素需包含"5W1H"（What、Where、When、Who、Why、How）。作者在此基础上加上一个其他要素，即读者必须进一步提问：受众关心的问题在文章中提及了吗？

（3）信息源是谁？我为什么要相信他们？

（4）文章提供了什么证据？是怎样检验或核实的？合格的新闻要经得起检验，文章中的数据、引用应该有出处，而这些出处应该能被查询到。

（5）对于文章的其他可能性解释或理解是什么？这要求我们树立怀疑精神，对他人提供的信息进行思考，不能成为被动的信息接收者。

（6）我有必要知道这些信息吗？这些信息对我是否有用？在信息的海洋里，只有找到真正对自己有用的信息才是最重要的。我们应该根据自己的需要，来选择要了解的新闻。

这种方法反向证明，受众对信息进行确证的过程，就是新媒体写作者进行信息核实的过程。

（二）信息筛选：注重有效性，警惕"后真相"

"后真相"（Post-truth），被《牛津词典》评选为 2016 年的年度词汇。根据《牛津词典》的解释，"后真相"是指"诉诸情感与个人信仰比陈述客观事实更能影响民意的一种情形"。

即便有了真实的信息，但真实的信息依然是海量的，全部获取这些信息需要付出巨大的精力，那么，哪些信息才能构成真相？哪些信息才具有重要的意义？这就需要新媒体写作者在了解真实信息的基础上，对这些信息进行筛选。

美联社认为，媒体及媒体职业也在改变。它们总是涉及提出问题、搜集信息及解读事件。"我们现在正在奔向一个新的时代。届时，以文字、声音和图像等因素来对记者进行分类将变得不可能。"

从海量的资讯中快速搜集高质量的信息，是新媒体写作者的基本功之一。尽管媒体传播的形态正在并将继续发生变化，但提供高质量信息这一最基本、最核心的内容，非但没有过时，反倒因媒体格局的变迁而将变得更为突出。

不管是通过采访获得信息，还是通过搜索获取信息，其目的都是要获取有效的、有价值的信息。按照新媒体写作者的说法，一篇文章中有没有"干货"，是这篇文章能否得到认可的首要条件。这就需要新媒体写作者在筛选时剔除那些垃圾信息，剔除那些无从考证、无从辨别的信息，剔除那些快餐式、碎片化、无逻辑、低价值的信息。

美国著名新闻人约瑟夫·普利策在讲到新闻的信条时说过：一张报纸的灵魂在于它的道德感、它的勇气、它的诚实、它的博爱、它对被压迫者的同情、它的独立、它对公众福利事业的投入、它服务社会的热诚，这一切超越了知识、新闻、智慧的范畴。

这些基本的职业伦理，在信息的获取与筛选上，都应得到体现。当然，信息处理的重要性远不止于此。2020 年，知名媒体人童大焕撰写文章《你的信息管道决定你的命运》，他在这篇文章中提到一个现象，就是"朋友圈、同学群往往都会发生不可调和的撕裂，同学、朋友、老乡不欢而散的事情几乎天天都在发生。究其原因，就是这些人的观点不同，掌握的信息源不同"。鉴于此，他指出：筛选和分析处理信息的终极目标是追求真相。一个人积累了什么样的信息管道、如何正确有效处理信息，决定了他的思维方式，决定了他最后的态度、方法和选择。

三、新媒体写作要领之二：思想启蒙

新媒体写作也是一种公共教育沟通方式，客观上有一种思想启蒙的色彩。

新闻学者马少华在《可能消亡的媒体，值得传续的价值》一文中曾感慨：也许报纸终有一天会消亡，那么，那种把社会上不同人群的观点表达融会于一个版面上的价值和理想，又会由哪一种载体承担呢？无论我们怀着哪一种心情等待传统媒体的消亡，我们都有必要认真思考一下：以往的那些即将消失的媒介形态承载着哪些值得传续的社会价值。

无疑，如何在"新"与"旧"之间找到平衡点，在"创新"与"传统"之间找到平衡点，正是新媒体写作者面临的重要问题。变化的是传媒技术、信息平台和媒介环境，而得以赓续的是那些提升"人类的知识"和以"美好生活"为指南的优秀社会文化。

英国记者兼小说家乔治·奥威尔在其随笔《政治与英语》中写道，在写作之前，细心的作者问自己的第一个问题是："我想写什么？"在今天的现实语境下，每一位新媒体写作者除了问自己一句"我想写什么"，还应问一下自己：在提升自身认知能力和逻辑能力上是否做好了准备？

（一）认知升级：注重价值观，警惕"单向性"

受众对同一事件，之所以有不同的认知，除了与其所掌握的信息渠道、数量、质量有关，还与他们所处的立场有关。

最为典型的案例出自《洞穴奇案》。在这本书中，作者假想了一个故事，五位探险人员在一个洞穴中探险时被困，由于无法在短时间内获救，其中一人建议牺牲一人，以救活其他四人。他建议采用抽签方式决定，但在大家同意这种方式后他又反悔，想要收回建议。结果，其他四个人继续抽签，而建议者恰好被抽中，成了牺牲者。后来，四个人获救，但被起诉，并以杀人罪被初审判处死刑。

这是美国法学家富勒 1949 年在《哈佛法学评论》上发表的假想公案，并进一步虚构了美国最高法院上诉法庭五位大法官对此案的判决书。1998 年，法学家萨伯延续了这个假想的游戏，假设五十年后这个案子有机会翻案，另外九位大法官又针对这个案子各自发表了判决意见。

在最初的五位大法官对此案的判决中，有人认为要尊重法律条文，有人认为要探究立法精神，有人认为要维持法治传统，有人认为要以常识来判断，有人分析了法律与道德的两难处境。在后来的九位大法官对此案的判决中，有人探讨动机与选择，有人探讨生命的绝对价值，有人主张判案的酌情权，还有人提倡设身处地思考……在这个假想故事的开展过程中，人类的认知得到一次极大的思想操练。

在新媒体环境中，人类认知的碰撞与博弈，受到的挑战只会更大。这就需要新媒体写作者不断训练思维方式，特别是在"最基本"和"最重要"的问题上多思考，以提升认知，警惕"单向性"思考导致的极端与偏执问题的产生。

（二）逻辑能力：注重逻辑性，警惕"谬误性"

在美国，小学生在五年级的公共说理课上，要区别事实与看法的不同，事实是要被核实的，看法是要被证明的，每个看法都要有论据证明才能是正确的。六年级学生则被要求：判断作者结论所用论据的合适性和恰当性；用准确、有说服力的引述语合理地陈述观点；思考文章中缺乏论据支持的推理、错误的推论说辞和宣传。

逻辑能力是需要新媒体写作者在认知的基础上进行训练的。著名学者殷海光在《怎样判别是非》中，列举了逻辑中的种种谬误：诉诸群众、诉诸权威、诉诸暴力、诉诸怜惜、人身攻击、以自我为中心、过分简单等。所以，他提出"以经验和逻辑为根据来判别是非"和"合于世界真相的判断才是正确的判断"。

著名传播学者麦克卢汉在《理解媒介——论人的延伸》中宣告"现代"思维的破产，"后现代"思维的来临，"后现代"思维就是超越"现代"思想的思维，就是超越分析的、线性的、机械的思维，走向整合的思维。在新媒体环境下，逻辑能力是整合思维的痛点，也是起点。

四、新媒体写作要领之三：情感共鸣

"后真相"时代的一个显著特征在于，很多时候，受众并非不知道"后真相"不等于"真相"，受众更愿意相信他们在情感上相信的"事实"。

写作中，作者与受众在无形对话中充满了情绪与情感的较量与互动，这也是新媒体写作者需要具备的一点：与受众形成情感共鸣。

（一）美好生活：注重有情怀，警惕"泛情感"

评论家胡印斌在一次题为《新闻评论中的情绪何解，情怀何为》的演讲中，就这一问题专门进行了分析。

他认为，在公共场域中，有情怀的文字总是比冷酷的文字更有感染力。无论是质疑，还是感动，无论是呐喊，还是闲庭信步，多一些推己及人，多一些人情味，其文字自然会拥有力量。而情绪则不同，它本质上属于认知上的一种偏差，坏情绪的来源首先就是偏见。

需要注意的是，偏见不是没有见识，而是见识存在偏差和局限。情绪遮蔽理性，也与信息不对称、信息严重缺失有关系。很多时候，无知无识，并不意味着就会成为一个"赤子"，而往往意味着自我认知的扭曲，进而呈现出对权威的盲从和盲信；而越是如此，则越是缺乏学习能力，思想越是不能独立。

在新媒体环境中，新媒体写作者很容易流露出"泛情绪化"现象，有些出于"流露真情实感"的认知，有些出于通过煽动情绪来提升阅读量的考虑，也有些是患上了"滥情"症。而需要注意的是，应在表达情怀、情感和情绪之间寻找平衡点。

（二）社会教育：注重沟通性，警惕"煽动性"

易观数据显示，截至 2020 年 2 月 24 日，在新冠肺炎疫情期间，凤凰网某微信公众号发布的文章有 30 篇获得"10W+"的阅读量；其移动端日活跃用户数量（Daily Active User，DAV）增幅最大为 72%；凤凰新闻 App 较国内其他门户网站的移动新闻客户端，人均使用时长、人均启动次数及百度搜索指数均位居前列，微博微指数峰值最高，微信指数排名第二。

凤凰网总编辑邹明认为，作为网络媒体，我们还肩负着自己的媒体责任。例如，把对人性的关怀融入报道中。在进行公共表达时，不被失真的信息"带歪"，或不被情绪所支配。这不仅是表达的问题，而且也是一种社会沟通与教育。

▌五、新媒体写作要领之四：审美感染

在流量至上的诱导下，"美"已经成为一种奢侈品。有些新媒体表达，不顾客观事实，不顾事件真相，炮制观点，吸引受众围观，其外在的表现就是从标题到内容的行文风格都粗鄙不堪。

这种情况，不但污染网络环境，还容易对未成年人造成某种心理暗示，并且传播越广，危害越大。因此，新媒体写作要注重审美价值。

（一）文本修辞：注重修辞性，警惕"粗鄙化"

狭义层面的修辞是指依据题旨情境，运用特定的手段修饰文辞，以加强语言表达的效果。广义层面的修辞是指运用语言的方式、方法或技巧规律。塞缪尔·G. 弗里德曼在《媒体的真相：致年轻记者》中提到，写作的挑战在于主题的选择、文章的构造和措辞。

注重措辞和注重修辞，原本是写作的基本功和传统，然而在新媒体时代，这一传统时常面临被忽视、被边缘化和被遗忘的尴尬处境。文章中错别字连篇、语法不通的现象时常发生，而耸人听闻的"标题党"等现象更是大行其道。

学者张维迎曾提出"语言腐败"的说法。所谓语言腐败，是指人们出于经济的、政治的、意识形态的目的，随意改变词汇的含义，甚至赋予它们与原来的意思完全不同的含义。语言腐败的典型形式是"冠恶行以美名，或冠善行以恶名"。

"语言腐败"是最严重的"粗鄙化"，危害深重。张维迎认为，"语言腐败"至少会产生三个严重后果。

（1）"语言腐败"严重破坏了语言的交流功能，导致人类智力的退化。"语言腐败"使我们越来越缺乏理性和逻辑思考能力，我们创作的文章越来越变成口号的堆砌，我

们越来越习惯简单顺从，而不是平等讨论。

（2）"语言腐败"还有可能导致道德堕落。人类道德的底线是诚实，"语言腐败"本质上是不诚实。就人类本性而言，说假话可能比干坏事在道德上更具挑战性。

（3）"语言腐败"导致社会走向的高度出现不确定性和不可预测性。语言的一个重要功能是传递社会运行状态，在语言严重"腐败"的情况下，其传递的信号就会严重失真。结果就是，当一个社会出现某种情况的时候，我们还以为平安无事，对可能遇到的情况茫然不知。

（二）美学追求：注重品位性，警惕"冒犯性"

新媒体写作者不管是撰写文本，还是制作视频，都不能放弃对美的追求。在传统媒体时代，尊重受众的报纸一般会非常注重版面语言和视觉艺术，会从美学意义上去思考从文本到版面的编排制作。而在新媒体时代，文章的美学品位常常不被重视。

在网络媒体时代及新媒体时代，文章的美学品位往往被称作"受众体验"。一些美学品位低的图文、视频等，从实际意义上说，不单单是品位的问题，还存在一种"冒犯性"。这不仅是对受众审美能力的冒犯，也是缺乏法律意义考虑的表现，如涉及未成年人的相片打马赛克的问题等。此外，在内容生态层面，很多内容本身或许无可厚非，但是和一些广告内容一起出现时，就会伤害内容的客观性，也给受众带来不适感。

思考题：

1. 你认为写作有无统一的标准？如果有，你认为是什么？如果没有，你认为理由是什么？

2. 在阅读"新媒体写作"的文章时，读者最看重的是什么？

第十五章

驾驭新媒体

新媒体写作的前提是熟悉写作，熟悉新媒体。本章把新媒体的"写作""平台""规则"和"趋势"四个维度作为切入点，引入目前较为前沿的思考与研究，为人们驾驭新媒体提供一些知识模型和思维工具。

"新闻供应者恨不得把屏幕安装在我们的座椅靠背、把接收器嵌入我们的手表、把手机植入我们的大脑，以确保我们时时在线，总是知晓正在发生的事情，并且永远不会感到孤独。"这是英国作家阿兰·德波顿在《新闻的骚动》中的描述，可以理解为从受众角度对当下新媒体写作的一种描述。

然而，这并非新媒体写作的应有面目。那么，新媒体写作究竟有哪些值得注意的地方呢？

一、读懂新媒体"写作"

写作这件事虽然复杂，但从写作的外部来说，写作主要包括内容与形式；从写作的内部来说，写作主要包括事实和观点。

所以，从写作本身的角度来说，写作的关键在于核准事实和打磨观点。事实的原则就是真实、客观，观点的原则就是判断、逻辑。

（一）核准事实

事实的核准对于新媒体越来越重要，一些专业的核准事实的机构已经应运而生。在一些西方国家的大学里，也相继开设了类似核准事实的课程。赫克托·麦克唐纳在《后真相时代》一书中，专门制作了"误导真相检核表"，为确认事实的真实性提出了12条追问。

（1）我看到的这段文字叙述是真的吗？

（2）它会改变我对事物的看法吗？

（3）它可能影响我的行为吗？

（4）沟通者有什么意图？这段文字叙述能帮他们达到自己的目的吗？

（5）他们可能省略了哪些事实？

（6）他们用证据来支持自己的文字叙述了吗？这些证据可靠吗？

（7）同样的事实或数值可以用其他方式来陈述吗？如果换一种陈述方式，表达的意义会不会改变？

（8）这段文字叙述的立论根据，是关于道德、吸引力或金钱价值的主观判断吗？

（9）沟通者对词汇的定义方式和我一样吗？

（10）我是不是受对方选用的名称或煽情小故事影响了？

（11）这段文字叙述的立论根据是根据预测或信念吗？如果是，有没有其他更值得信任的预测或信念？

（12）还有其他人能用另一种不同的叙述方式，传达同样真实的现象吗？

在新媒体时代，每一位新媒体写作者既是信息的接收者，又是信息的挖掘者、加工者和传递者，核准事实是其最起码的基本功。

（二）打磨观点

经常有人说，当下的舆论场越来越复杂，并以此为借口回避一些问题。其实，所谓复杂，不少时候只是观点的不同，而观点不同的背后是立场的差异和价值观的差异。

Google 公司早已着手研发无人驾驶汽车，特斯拉（Tesla）和各大汽车公司也都有自己的一套计划。无人驾驶汽车被广泛使用，似乎就在不远的将来。

围绕"无人驾驶汽车"这一带有未来色彩的问题，同样是在《后真相时代》一书中，赫克托·麦克唐纳以此为案例，提出了一系列的假设。

如果政府要为无人驾驶汽车行驶立法，立法机关须征询各方面的意见，他们听到的，可能有来自不同人群的看法。

经济学家会说：无人驾驶汽车会是一个庞大的新兴产业，可以促进科技发展和满足消费者需求，进而推动经济增长。

工会代表会说：无人驾驶汽车不需要人来驾驶，陆路运输业与出租车行业将会有上百万人失业。

环保人士会说：无人驾驶汽车自动接送乘客，买车的人会越来越少，这样就能解决交通拥挤、能源消耗、资源消耗等问题。

交通安全专家会说：每年约有 130 万人死于交通事故，而且大部分交通事故都是因为人为疏失。虽然无人驾驶汽车的环境感知功能也可能失常，无人驾驶汽车也会发生意外，但可能还是比人为操控更有安全保障。

政治人物会说：比起新产生的问题，人们还是比较能容忍存在已久的问题。万一无人驾驶汽车的系统出状况，在道路上造成很多人死亡，就算死亡人数比人为驾驶汽车造成死亡的人数低，我们也绝对不允许发生这种灾难。

保险业者会说：未来汽车保险行业必须转型，从针对人为失误替个别驾驶人投保，变成针对技术故障替制造商投保。保险业很可能会经历一阵混乱期。

此外，城市规划师、商界人士、信息安全专家、道德思想家等都有不同意见。不过这都只是真相的其中一个方面。如果你被民调问询，或身为立法人士，应进行怎样的抉择？

可见，面对一个事实，会有各种不同的观点呈现出来。众多的观点组合，才能让事物的全貌和深层含义得以体现。所以，选择与打磨观点，在新媒体时代成为必须面对的议题。

二、读懂新媒体"平台"

新媒体写作可以分为前端、中端和后端，如果前端和中端聚焦写作本身的话，那么后端就是聚焦如何在各个平台上传播文章。

（一）了解定位

在这里，"平台"主要是指网站与社交网络平台。其中，网站就是把一个个网页系统地链接起来的集合，根据其展示内容的不同，网站可分为门户网站、专业网站、商业网站、个人网站和网络社区等。社交网络平台，在日常语境下已被简化为"两微一端"。如果说"客户端"相当于自家院子的话，那么"微博"与"微信"则更像自家的客厅与卧室。

现在，"两微一端"正在转向"两微一抖"，抖音正在以不可阻挡的趋势抢占竖屏市场。可以说，社交载体的切换，让写作表达从纯粹文字、文图结合逐步迎来"短视频时代"。图 15-1 所示为"央企"2019 年开通"两微一抖"的情况，图 15-2 所示为"央企"2019 年"两微一抖"的发文情况。

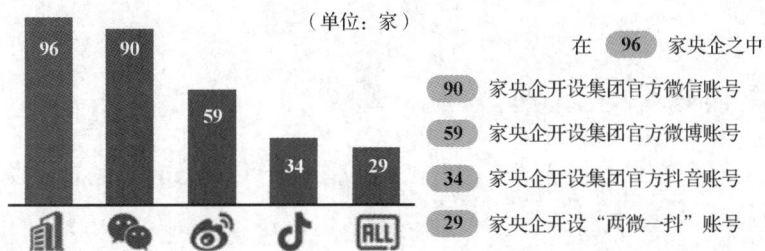

图 15-1 "央企"2019 年开通"两微一抖"的情况

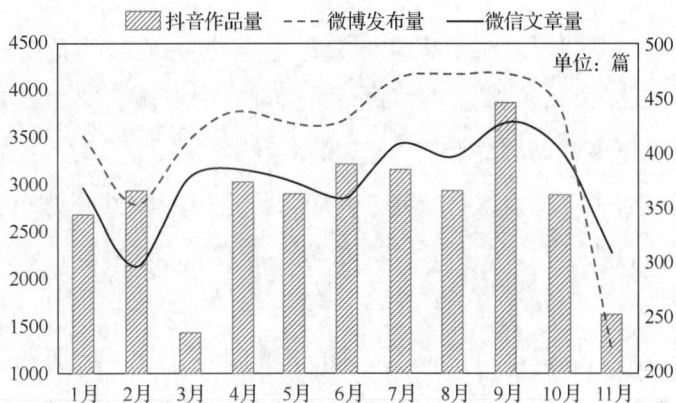

（注：抖音参考右侧坐标轴；微博、微信参考左侧坐标轴）

图 15-2 "央企"2019 年"两微一抖"的发文情况

（二）熟悉风格

平台转换后，各个平台之间的风格千差万别，而要驾驭新媒体，必须熟悉各个平台的风格，至少对目标平台或渠道必须熟悉。否则，就无法对传播效果有所期待了。

例如，以抖音为例，为什么它能在较短时间内大量占据人们使用手机的时间？就内容而言，抖音主要构建了一个更具生活化场景的内容生态，一个例子即可说明：你去海底捞吃火锅，跟服务员说你想"拍抖音"，服务员会十分默契地端上海底捞的"抖音套餐"，甚至会指导你怎么拍可以拍得更有趣。

简单地说，抖音平台的内容特点是有趣和有用。所谓有趣，就是短视频体现的情绪价值。在生活中，短视频的娱乐消遣功能更为突出，短短几分钟的短视频，可能让你笑，可能让你哭，可能让你愤怒，可能让你悲伤，可能让你同情……所有能打动受众情绪的内容，在传播效果上会产生一种"参与感"。所谓有用，就是短视频的赋能价值。美食、宠物、种植、拍摄、健身、雕塑等内容比较受欢迎，就是因为受众可以学习、借鉴和复制，一个短视频就能给受众带来实实在在的技能提升。

所以，真正熟悉平台风格后才能将内容精准传播至受众，进而促进内容生产的变革与优化。

三、读懂新媒体"规则"

"风格"是一个平台具备的气质，"规则"是一个平台的运行逻辑。发布的内容与平台的气质吻合，会增强受众黏性；而掌握了运行逻辑，则会更好地运用平台。

（一）内容规则

新媒体的规则，首先是内容规则，一旦失去内容，媒体的价值也就无从体现。而内容规则中最重要的是设计选题，都说"题好一半文"，在新媒体时代更是如此。这个"题"，既指选题，也指标题。反过来看，之所以"标题党"屡禁不止，也是因为他们希望借此吸引更多注意力，但分寸把握得不够好。

资深媒体人吴晨光在《自媒体之道》中，将好选题的特点分为十类，分别是时效性、地点的显著性、贴近性、冲突性、人情味、名人效应、神秘性、趣味性、差距与情绪。

尤其是最后一点，很多选题看似不起眼，却能在网络上，特别是在微信平台产生"刷屏"效应。因为它代表了一种情绪。情绪的背后，则是社会现状和受众普遍心理在网络上的深刻反映。

当然，从时段上看，选题也有"命题式选题""议题式选题"和"选题式选题"。

就是说从选题价值上来看，有些选题是从时效层面考量的，而还有不少选题超越了碎片化阅读或即兴式阅读，更多带有"时代性"，只有从更为长远的时段看，才能看到其阐释的社会的结构性变化和趋势性变化。

（二）视频规则

随着 5G 的快速推进，新媒体中最显著的变化之一就是视频、短视频的迅猛发展。据艾瑞咨询观察，2017 年，互联网巨头逐渐入局短视频市场，采用巨额补贴的方式促进内容生产，使创作者参与热情剧增。2019 年，内容电商成为存量时代短视频行业发展的又一重点。短视频行业发展进入成熟期，2020 年短视频市场收入将达到 2110.3 亿元。

在这种趋势下，视频的制作规则主要包括切入主题快、现场视频逼真、配备字幕标题、背景音乐适度、特效音效适度、剧情篇幅适度等。

四、读懂新媒体"趋势"

2003 年，南京大学学者杜骏飞在专著《网络新闻学》中预言：我们所面临的媒介并非某一种"新媒介"或"第四媒介"，而是将无所不包的、像空气一样充分弥漫的超级媒介。这个超级媒介所对应的网络概念甚至已经不再是我们今天依赖 Web 交互的互联网，而是更广义上的无所不容的泛网络；并非只在某一种或某几种传统媒介平台上所进行的信息传递载体的扩张与合并，而是呈现出极其开放和同一姿态的动态的巨系统。

新媒体的"新"，并非只是一种静态描述，而更多是一种动态的演进，新媒体自身一直处于革新乃至颠覆的状态。也正因为这样，它在发展趋势上呈现出更多的可能性。

（一）超文本

从定义上看，超文本（Hypertext）是一种可以显示在计算机显示器或其他电子设备上的文本，其中的文字包含可以链接到其他字段或文档的超链接，允许用户从当前阅读位置直接切换到超链接所指向的文字。超文本文档通过超链接相互链接，超链接通常通过点击鼠标、设置按键或触屏来点阅。

1941 年，著名作家博尔赫斯出版了《小径分岔的花园》，这个短篇小说被认为是"超文本"的灵感来源。

1945 年，万尼瓦尔·布什提出了一种叫作 Memex 机器的设想，预言了文字的一种非线性结构，并写了一篇文章《和我们想的一样》发表在《大西洋月刊》上。这篇文章呼唤在有思维的人和所有的知识之间创建一种新的关系。

就目前来看，互联网本身就是一个最大的，也是最成功的超文本系统。

（二）超媒体

在超文本基础之上的拓展与延伸，就是"超媒体"（Hypermedia）。形象地说，超媒体=超文本+多媒体。

一般认为，超媒体在本质上和超文本是一样的，只不过超文本技术在诞生的初期管理的对象是纯文本。随着多媒体技术的兴起和发展，超文本技术的管理对象从纯文本扩展到多媒体，为了强调管理对象的变化，就产生了超媒体这个词。

所以，超媒体是超文本和多媒体在信息浏览环境下的结合。它是对超文本的扩展，除了具有超文本的全部功能以外，还能够处理多媒体和流媒体信息。在技术学上，人们把用数据库管理多媒体信息的方式称为多媒体数据库；用超文本技术来管理多媒体信息，其对应的名词就是超媒体。

（三）去中心化

"去中心化"在学界曾被认为是"互联网的本质"所在，内涵就是自由、平等、包容、开放。

维基百科对"去中心化"的定义是：相对于早期的互联网 Web 1.0 时代，Web 2.0 时代的内容不再是专业网站或特定人群生产的，而是全体网民共同参与创造的结果。任何人都可以在网络上表达自己的观点或创作原创的内容。随着网络服务形态的多元化，去中心化网络模型越来越清晰，也越来越成为可能。Web2.0 时代，任何人均可生产内容，网民共同进行内容创作。

而提供这个定义的维基百科，本身也是"去中心化"的最佳例证——"人人都可以编辑"的方式，提升了网民参与贡献的积极性、降低了生产内容的门槛。去中心化最终使每一个网民均成了一个微小且独立的信息提供商，使互联网更加扁平化、内容生产更加多元化。

延伸阅读

多媒体和超媒体之间的区别

1. 定义

多媒体是数字媒体的一种更广泛的形式，其定义是对信息进行数字处理的不同形式的内容（如文本、图片、图形、音频、动画和视频）的集成。简而言之，它是通过计算机软件和硬件，使用多种形式的媒体来表示内容的。

超媒体是数字媒体的一种更多样化的非线性形式。它是以非线性方式扩展术语"超文本"的意思，是通过超文本程序链接在一起的非线性媒体形式的多媒体表示。

2. 技术

通常，多媒体是音频和视频的结合，人们利用多媒体可以与数字和印刷元素进行交流和共享想法，从而获得更丰富的体验。

多媒体技术是硬件和软件的融合，用于以线性和非线性方式创建基于计算机的交互式应用程序。

媒体与多媒体一词在更广泛的意义上形成了对比，其中，互联网上的每个可访问元素都变成了一个链接，受众可以通过一种或多种方式进行阅读和交互。这些非线性形式的媒体被称为超媒体。

3. 表示

多媒体演示的成功仅取决于如何以数据最佳地实现其目的。多媒体应用程序要求支持多传感器输入/输出设备的计算机使用文本、音频、视频、图片和图形表示数字内容和多媒体信息，从而更容易地将内容呈现给最终受众。

超媒体通过允许受众使用 Web 浏览器上的可单击链接访问非线性内容，从而使多媒体更具交互性和多样性。超媒体只是将链接放入应用程序接口（Application Programming Interface，API）资源中，以表示资源之间的导航。

4. 模型

多媒体模型基于两个关键概念：集成和交互性。集成主要是指计算机外部的通信对象，如文本、音频、视频、图形和动画。交互性是指基于受众输入的信息传递和基于要显示的信息内容的数据表示。

超媒体模型基于关系数据库组织，该组织通过相互关联的相关项目的广泛引用，在它们之间创建关联，从而促进了互连的多媒体文档或信息的网络联系。这允许受众以几乎无限种方式有效地访问和利用数据和信息。

思考题：

1. 你能否结合自身的新媒体工作，梳理出其中的"规则"？
2. 你认为新媒体的发展"趋势"是什么？你的判断依据是什么？

第十六章

写法新在哪里

在新媒体传播环境下，新媒体写作的发展也如新媒体的发展一样，时时刻刻充满着创新与变革。本章主要结合一些具体的案例，分析新媒体写作的"新"都体现在哪里。

所谓"新媒体写作",更多体现为一种基于新媒体传播的表达方式。从表层来看,新媒体写作会随着传播介质、传播形态、传播规律发生种种变化;从深层来看,在涉及的材料、观点、角度、文体等方面,新媒体写作更需要秉持写作的本质——"表达"自身的逻辑。

一、挖掘新材料

众所周知,无论是做研究还是搞创作,都要踏踏实实,不能主观臆断、凭空想象、摆花架子、做表面文章。进行新媒体写作,也是如此。

如有可能,"我在现场"是绝佳的挖掘新材料的路径。作者把自己在现场的真实所见、所闻、所听加以分享,使公众更容易了解真相。

即便是评论写作,如果写作人"在现场",行文时自然会写出很多鲜活的材料。以往,评论写作的既有模式是:围绕某一主题广泛搜集权威可靠的参考资料,经过思考酝酿,找到评论角度、写作成稿。在新媒体环境下,这样的评论模式出现了变革。

熟悉党报的人会注意到,自 2018 年 7 月 23 日起,《人民日报》评论版推出了《现场评论》栏目。评论员们走出去、走下去、到现场去,以来自新闻现场、充满"泥土气息"的评论文章,为《人民日报》评论版注入了新的活力。

评论员们通过《现场评论》栏目,有助于增强对现实的了解、对问题的洞察,增进对时代的思考,避免就理说理、坐而论道的状态。"我在长江"系列、"我在进博会"系列等,都给受众留下了深刻的印象。

《人民日报》评论员李拯认为:现场评论是一种创新形式的评论,把"现场"和"评论"两个不同的媒体工种融合了起来。一般而言,现场报道是记者所长,评论则是评论员所长,前者传递信息,后者阐述观点。但在全媒体时代,这样一种清晰的分界将不再满足人们对于信息的需求。现场评论适应了这一媒体融合的大趋势,它用一种独特的形态把具体的场景和抽象的观点结合起来,在可感可触的应用场景中阐述观点、传递信息。就这样一种混合的属性而言,现场评论就是要把新闻叙事的"浸入式"与主流评论的"思想性"结合起来。

《人民日报》评论员李浩燃认为:现场评论要求写作主体置身于新闻现场,这样就能目及四方、打开视野,不局限于从网络上搜寻资料,必然有助于开辟新的写作路径,给出新的观点。对现场评论写作而言,甚至可以说,事实本身就是评论。

二、提炼新观点

即便是耳熟能详的材料,只要新媒体写作者善于思考,也能提炼出新的观点。

例如，在凤凰网《政能亮》发布的《政府服务，当好"店小二"而非"二大爷"》一文中讲述了一则入脑入心的故事：在一个风雨交加的夜晚，一对老夫妇走进美国费城的一个小旅馆。一名年轻的服务生满脸歉意地说："房间被订完了，可总不能让你们在雨中过夜吧。你们可以待在我的房间，我的房间不豪华，但蛮舒适。"老先生连连道谢。两年后，老人写信诚邀服务生到纽约游玩。服务生抵达曼哈顿后，老先生把他带到一幢崭新的大楼前，对他说："这是我为你盖的旅馆，希望你来当经理。"服务生受宠若惊。老先生笑着说："我叫威廉·华尔道夫·阿斯特（William Waldorf Astor），你正是我梦寐以求的经理。"该旅馆就是纽约的华尔道夫饭店，1931 年启用。这名服务生叫乔治·波特（George Boldt）。日后他孜孜不倦地经营，让旅客有宾至如归的感觉，享受着旅馆带来的舒适和便捷。

紧接着，文章画龙点睛地表明了新的观点：打造服务型政府，跟开宾馆一样，必须让民众处处感到舒适和方便。

故事讲得生动形象，有看头、有听头，对受众有强烈的吸引力、感染力和说服力。接着，文章趁热打铁地提炼出新颖、有启迪性的观点、见解，让人愿意接受，所得出的结论也让人信服。能够让受众拍案叫绝、恍然大悟、茅塞顿开、如梦初醒的文章，一定是能够让他们记住的好文章。

美国作家爱迪斯在《企业生命周期》中提到："所有的企业都是一次生命的历程，都会有诞生、成长、成熟、衰落的过程。不同的是，有些企业能够将成长与成熟阶段无限延长。"

这句话，套用在新媒体写作方面也照样成立。新媒体写作者唯有求新求变，不断提炼新观点，创作的文章才会不断地受到受众的"追捧"。

三、打磨新角度

（一）老材料的"新意义"

先请大家欣赏一首诗：

断章

你站在桥上看风景，

看风景的人在楼上看你。

明月装饰了你的窗子，

你装饰了别人的梦。

诗歌中所呈现的事物或意象——人、楼、桥、月、窗和梦，都是老生常谈的内容，也是之前的诗人用了很多次的老材料。然而，诗人匠心独运，巧妙安排，让这些老材料形成了一种新的结构关系，并迸发出一种绵长的张力，抽象出一种不同于人、楼、月的哲思。

"旧材料，甚至用烂了的材料，不一定不可以用，只要你能别出心裁，安排得当。只要是新的、聪明的安排，破布头也可以造成白纸。"卞之琳先生的这番"文功秘籍"，值得我们深耕新媒体写作的人士细细品味。

我们身处一个转型的时代，唯有"变"是永远不变的，正如"现代管理学之父"彼得·德鲁克所言："没有人能够左右变化，唯有走在变化之前。"有志于新媒体写作的人士要努力走在变化之前，从老材料中发现"新意义"，也是一条可行的路。

2018 年 10 月 15 日，中国政府网转载了凤凰网《政能亮》发布的《善行之船起航，中塔合作让民众获实惠》一文。文章开头是这样的：

宇宙总是这样循环旋转；

时光像山泉小溪流水潺潺。

多少繁茂的花园变成荒凉的旷野；

而那不毛的沙漠却变得郁郁葱葱。

这是被塔吉克斯坦民众尊为"先师"的阿布阿卜杜拉·鲁达基的哲言。出生于公元 9 世纪的鲁达基，其观念高度契合《易经》"生生之谓易"的思想。

无论是鲁达基的哲言，还是《易经》的"生生之谓易"，都是老材料。但作者将之拼接起来，为老材料赋予了"新意义"——中国和塔吉克斯坦先贤们永不熄灭的智慧之光，是两国民众世代友好的航标灯，并由此阐述了两国合作的思想基础和文化基础。

（二）老观点的"新视角"

科技日新月异，观点千变万化。新媒体写作者只有少用"旧框框"审视，多用新视角观察，才能跟上创新的节奏。

举例来说，深入观察美国社会，定会发现美国社会的种族歧视是一个不争的事实，近些年来还有愈演愈烈的趋势。

然而，就是这样的一个老事实、老观点，也可经由优秀的媒体人，焕发出新的视角。

2019 年获得普利策新闻奖社论写作奖的系列社论，就是《纽约时报》的 Brent Staples 在 2018 年一年中写作的以美国历史上的种族歧视为主题的 10 篇作品。

它总体上是一个历史反思的主题，是寻向历史深处的，但作者在每一篇作品中都揭示了种族歧视的历史问题在今天的回响,把那一段黑暗的历史与当下分散地发生在美国各地的新闻事件串连起来,显示出历史与今天的关联。这样一个选题,包括它的结构和表现方式,肯定不是偶然产生的,而是长周期思考、策划的结果。

知名学者马少华通过深入研究,得出这样的结论:我们在 2019 年以来发生的各种种族歧视事件中,都不难体会到《纽约时报》在 2018 年整个一年中那一组陆续发表的社论选题所体现的深刻性和判断力。因为它实际上切中了美国社会没有完全解决的问题。

从这个写作案例来看,好的选题,需要新媒体写作者在对社会的深入观察和思考中寻找。

可以说,在新媒体写作方面,新媒体写作者需要具备极具敏感性、穿透性的解读能力,创作的作品才能显得卓尔不群。

四、熟知新文体

(一)新闻

新媒体时代的新闻写作面临着越来越多的挑战,因为新媒体写作者首先需要思考的问题是——什么是新闻?

"新闻就是能让公众谈论的任何事情。"这是查尔斯·丹纳(Charles A. Dana)对于新闻的定义。丹纳曾于 1868 年至 1897 年在被称为传奇般的"报纸人的报纸"——《纽约太阳报》(New York Sun)任总编。这个关于新闻的定义很切合当下的环境,因为在后真相时代,在阅读的碎片化时代,"能让公众谈论"是较高的标准。

以《新京报》为例,2018 年以来,《新京报》在报纸改革和内容改革上付出了非常大的努力。《新京报》在内容生产方面更趋向深度化,主要有三大看点:一是坚持抓大放小、去碎片化,对日常新闻进行深度化表达;二是加强自主专题策划,为读者提供深度延展阅读;三是增设"深读"模块,将现有报纸端的深度报道类栏目进行整合,主打深度阅读。

(二)评论

网络新闻评论面临着和都市报评论同样的转型压力与生存环境,在某些方面甚至更为突出。面对媒体融合的环境,我们需要认真思考并回答这个问题:评论的本义是什么?

在传统意义上,一般认为互联网内容的主要特点是海量和快速,在专题策划和线上线下互动方面更具特色。作为互联网内容一部分的网络新闻评论,在这些特点上都有不同程度的体现。近年来，随着客户端的快速兴盛及人工智能算法的深度介入，网络新闻评论也出现了一些新的特点和变化。

（1）自媒体化。自媒体的竞争一度出现"红海"状况，不少互联网巨头都对自媒体投入重金。作为对公共议题比较敏感、社会活跃度相对较高的评论写作群体，自媒体人对评论体裁特别青睐。在网络新闻评论写作的呈现上，出现了用户生成内容与专业生成内容的结合。自媒体的出现，既利于作者在个人名气和激励收益方面有所突破，也方便平台方迅速汇聚人气，提升活跃度，如腾讯网的"大家"栏目、凤凰网的"风声评论"等。

（2）知识产权化。很多互联网公司在进行内容生产上不可避免要进行商业利益的考量，由于公司属性平台生产网络新闻评论和事业单位属性平台生产网络新闻评论有着较大的差异，公司属性平台更需要考虑生产网络新闻评论所带来的影响，如品牌影响力、商业效益等因素。当然，传统媒体也在着力打造网络新闻评论品牌，如《新京报》的"沸腾"栏目等。

（3）视频化。2019 年"两会"期间，"人民日报评论"微信公众号推出《两会"石"评》，采取一分钟短视频形式来评说两会，夹杂快板、说唱等元素。这是网络新闻评论视频化的一个缩影。不少媒体平台都进行了一些尝试。例如，凤凰网的"政对面"栏目，以视频访谈形式延伸评论的触角。

总体来看，随着新技术的应用及传播方式的变化，网络新闻评论也在不断变化。

（三）宣传

2020 年 3 月，由首都文明工程基金会和文明杂志社发起，凤凰人文中心、新京报等多家媒体或机构共同倡议的"公筷文明，从我做起"活动正式启动。

从活动的宣传方案上来看，原方案提出了以下内容。

我们倡议，从城市到乡村，每个家庭、每个单位、每个社会团体积极宣传引导社会各界践行"餐桌革命"，推广"公筷文明，从我做起"。使用公筷、公勺，形成行为规范，争当"公筷文明"的推动者。

这是因为，碗筷共用使我国大众的消化道疾病发病率处于全球最高，幽门杆菌等传染性菌群肆虐。

我们倡议，各机关、企事业单位、学校等集体食堂带头，在每一个家庭推广公筷、公勺，鼓励分餐制，做到自觉使用公筷、公勺，引领文明餐桌新风尚，争当"公筷文明"的先行者。

这是因为，如同口罩一样，公筷、公勺不是摆设，而是文明的体现形式。使用公筷、公勺既保护了自己，也保护了他人，更彰显了社会责任。

我们倡议，餐饮企业等集体聚餐的场所，在餐桌上要实行一菜一公筷（勺）。各餐饮场所应该在醒目位置张贴宣传标识，提醒顾客使用公筷、公勺，争当"公筷文明"的践行者。

这是因为，一点一滴的努力不会白费，这项文明工程将擦亮社会文明的底色，守护我们每个人的健康。

我们倡议，党员干部、公职人员和企业高管要带头做到在家庭聚餐、来客接待和朋友聚会等集体用餐时主动使用公筷、公勺，拒绝参加未使用公筷、公勺的聚餐活动，争当"公筷文明"先行的示范者。

这是因为，筷来箸往，用筷有别，情分依在。多一双公筷，多一份健康。让我们从自身做起，养成使用公筷、公勺的良好习惯，助力全社会形成健康、文明的用餐新风尚。

在媒体传播环境下，这种写作方式明显不利于信息的传播与记忆，受众在响应行动上也会受到影响。修改后的活动宣传方案如下。

我们提出新倡议："一分二公三自带"。

（1）"一分"——分餐制。在公共就餐的环境下，提倡分餐制。各级机关、企事业单位、学校等集体食堂要带头实行分餐制，同时做到自觉使用公筷、公勺，引领文明用餐新风尚，争当"公筷文明"的引导者。

（2）"二公"——公筷、公勺。餐饮企业、城乡节庆等集体聚餐的场合，在每张餐桌上要实行使用公筷、公勺。各餐饮场所应该在醒目位置张贴宣传使用公筷、公勺的公益宣传标识，提醒顾客使用公筷、公勺，争当"公筷文明"的践行者。

（3）"三自带"——自带筷子。在单位订购外卖快餐或与家庭、朋友结伴外出游玩时，自带筷子，减少使用一次性筷子，既防止不清洁一次性筷子传染疾病又环保，每个人每顿饭每一个环节都争当"公筷文明"的先行示范者。

文明工程提出的"一分二公三自带"新倡议："一分"是目的，是文明与进步；"二公"是公德，是准则与约束；"三自"是个体，是认知与自觉。只有个体认知意识的提升，才会促使一种新生活习惯不断进步到文明进程的新阶段。

修改后提炼出的口号，朗朗上口，包含的内容一目了然。宣传方案发布后，数千家机构、媒体参与跟进，传播效果远远超过预期。

（四）音频

20多年来，中国互联网的发展有两大超级风口。20世纪90年代末，PC互联网风口催生了百度、阿里巴巴、腾讯等互联网巨头；2010 年前后的移动互联网风口使音频横空出世。

中国网络音频行业经过多年的发展，整个行业的运作越发成熟。目前，我国网络音频主要包括音频节目（播客）、有声书（广播剧）、音频直播及网络电台等表现形式。从当下的发展来看，网络音频行业形成了以用户付费、用户打赏、广告营销及硬件销售等为主的商业模式，它们成为行业不断创新发展的基石。

举例来说，很多人熟知的蜻蜓 FM，汇聚了名人主播、版权作品、广播电台等多种音频 IP，亲子类的内容也是蜻蜓 FM 上活跃度位居前列的内容品类。

眼下，互联网已经迎来第三个风口期，即"万物互联"时代。智能家居、车联网、可穿戴设备正在加速渗透到人们的生活中，5G 技术的普及更将推动"万物互联"的新时代提早到来。不同于移动互联网时代以屏幕作为人机交互界面，在万物互联的各式终端上，语音成为重要的交互方式，音频内容的渗透率完全有望比肩视频和文字。

有志于新媒体写作的人士去挖掘、储备和策划音频方面的选题，也是走向成功的重要路径。

（五）视频

我国网络视频的发展呈现几大趋势：在制作方面，由于专业制作团队的加入和制作经验的积累，网络视频的质量越来越高；在播出方面，伴随式收看成为网络视频的重要观看方式，与网络音乐服务的消费方式逐渐趋同；在营销方式方面，网络视频在精准推荐和互动传播领域频频作为，与电子商务的营销方式有不少交集。

在短视频方面，除了梨视频有相关宣传类短视频之外，其他视频平台，特别是长视频平台很少有类似原创短视频。

然而在很多人不看好的情况下，凤凰网政务花大力气推出中国互联网首档高端政务访谈类节目——《政对面》，成功吸引了业内关注。

《政对面》提出一个口号："面对面，谈政务"。《政对面》的宗旨是"政府治理，互动民间社会；政务管理，沟通表达机制；政策解读，呼应现实问题"。该栏目邀请政界、学界、业界的一流专家学者作为对话嘉宾，聚焦国家战略、政务管理、公共政策、行业变革等领域，第一时间解析国家政策，客观分析政策利弊，跟踪政策现实落地。

《政对面》作为一档访谈节目，具备长视频的优势，同时《政对面》也有自身的优势。首先，《政对面》的用户群体有着"三高"特征：高学历、高收入、高职位。其次，目前政务访谈节目很少，虽然长视频节目很多，但是政务访谈节目很少，而这类节目的收视群体恰恰就是"三高"群体。目前针对"三高"群体的视频节目并不多，很多年轻人喜欢看的综艺节目，并不是这个群体所关注的，这决定了《政对面》的市场潜力大。

业内观察家认为，短视频的火爆也是有天花板的，未来长视频依然是视频市场的主流形式。

思考题：

1. 你认为在新媒体传播环境下，写作应该是更"新"还是应该更传统？

2. 你认为新媒体写作的"新"，应该体现在哪些方面？

第十七章

理解受众

受众是什么？是目标与对象？是读者与消费者？是粉丝或社群？在新媒体时代，受众需要被重新定义。该不该考虑受众是否喜欢？受众的意见该不该被重视？如何理解受众？本章将从受众的痛点、利益、追求、传播四个维度，来解析受众。

受众是一个越来越复杂的概念。在新媒体时代，受众不仅是传统意义上媒介传播的对象、信息接收的终端，而且也是内容生产的参与者、内容传播的互动者与传播行为的共同完成者。如果不了解受众，进行内容生产无异于闭门造车，内容传播也会变成"自说自话"。

在新媒体的公共表达话语中，"受众""民众""大众""公众"，这些概念交叉重合地出现，这也给了我们思考的契机。很多时候，受众就在这些概念的交叉地带，需要我们加以辨析。

一、理解受众的痛点——触达人心深处的焦虑

如何定义新媒体环境下的受众，人们见仁见智，但他们至少在一点上能达成共识，就是受众画像。

受众之间千差万别，而媒体从"千人一面"走向"千人千面"，最大的变化应该是受众画像描述的变化。画像是受众的集合的形象化表述。图 17-1 所示为受众画像的作用。

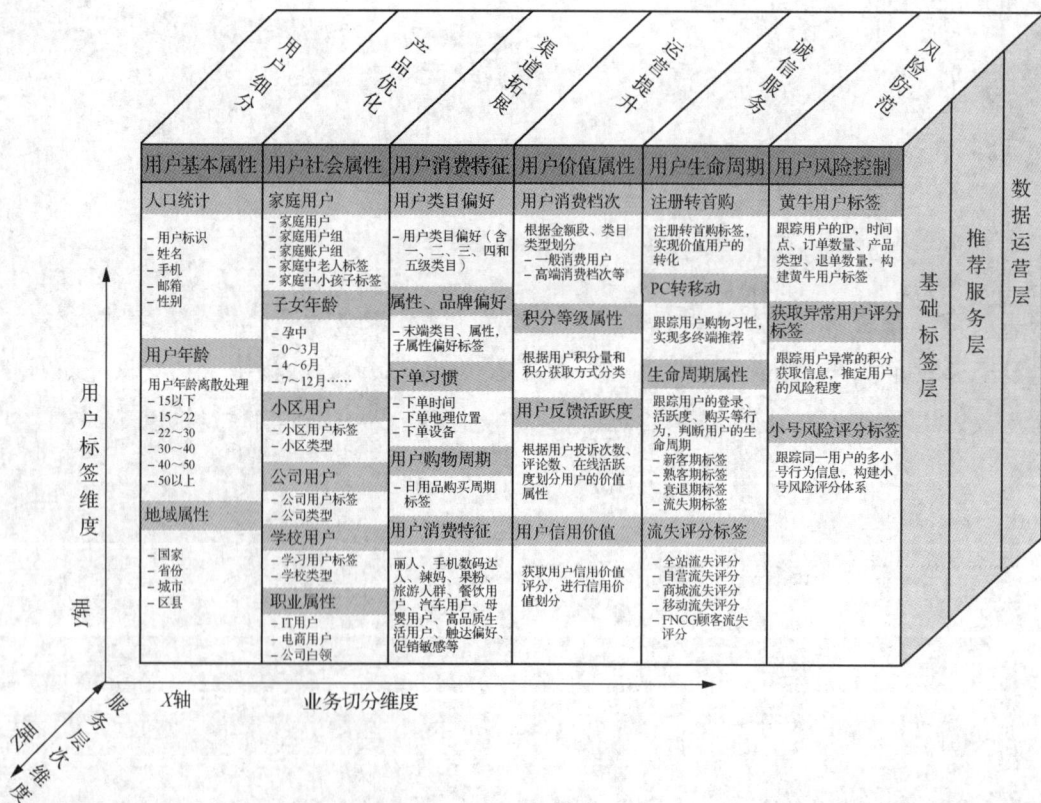

图 17-1　受众画像的作用

个性化推荐、广告系统、活动营销、内容推荐、兴趣偏好都是基于受众画像的应用。当我们想要选择某些受众群体做精细化运营时，可以通过受众画像筛选出特定的受众群体。

"绘制"受众画像是一个复杂的工作。随着产品逐渐成熟，我们可以根据不同的业务场景设计不同的兴趣偏好、行为偏好、社会属性、消费特征等，这些也都能在"绘制"受众画像时使用。

在"画像"思维下，受众的形象相对清晰一些。那么，有了受众画像之后，应该如何在新媒体写作过程中加以运用呢？如何将受众画像与新媒体的内容表达结合起来呢？一个很重要的方面就是，要结合受众画像，针对特定受众的需求和特点，触达该受众群体的内心深处。

理解受众的痛点，就需要触动受众群体内心深处的焦虑。这种焦虑，主要来自受众反应比较强烈的问题。

二、理解受众的利益——解读社会深层的问题

北京大学国家发展研究院经济学教授汪丁丁写过一篇文章，谈论"新闻敏感性"。他认为在当下，就最近和未来几年而言，我们可以列出以下较为重要的议题。

（1）经济领域。

（2）公共卫生领域。

（3）政治和法律。

（4）社会领域。

（5）国际关系。

以上所列，完全没有包括如经济增长率和企业竞争力这样的议题。因为，新闻，尤其是严肃新闻，必须时刻把握住公共政策的基础问题，而不是在因果关系的浅层次上观察和报道。越是重要的新闻，就越会涉及广泛的社会现象，以及与其有联系的因果链条或因果网络的深层结构。

可以说，理解受众的利益，就需要解读社会深层的问题；而解读社会深层的问题，必须衡量"重要性"这个参数。

三、理解受众的追求——把脉个人成长的动力

知识付费类媒体之所以能在媒体变革中一枝独秀，并非偶然，因为这一媒体的产品类型很清晰地满足了受众焦虑背后的利益诉求，利益诉求的背后是受众对个人成长

的渴望和美好生活的追求。

从公共层面来看，每个人都有对美好生活的向往和追求。具体来说，受众在社会层面的追求包括幼有所育、学有所教、老有所养、病有所医、壮有所用等方面。从个人层面来看，每个人都有自己的愿望和追求。特别是在社会多元化、竞争激烈的当下，新媒体人更要理解受众，理解受众的追求，为受众的个人成长提供动力。

例如，自媒体"摩登中产"关注刚刚成为中产阶层，或即将成为中产阶层的城市白领人群或家庭，并确立了 5 个维度：①年龄在 28～45 岁；②家庭固定年收入在 30 万～200 万元；③对生活品质的追求是精良的；④对公益、理想有一定的追求，如他们都愿意为社会奉献自己的爱心，但是是有限度的；⑤有稳定的伴侣或稳定的家庭，更看重教育、传承和家庭责任。

利用这个"受众画像"，该自媒体很精准地将中产阶层作为自己的服务对象。这就为新媒体人开展内容规划明确了范围和方向。

▌四、理解受众的传播——熟悉媒介传播的规律

仍以"摩登中产"为例，其创始人王鹏认为，"摩登中产"带给受众的怀旧情感来自其独特的新媒体内容操作模式与生产的内容，因为它们能让受众产生共鸣。例如，在选题的策划上，新媒体的阅读高峰时段多为受众上下班途中、午休和睡前，这些时候受众精神较为放松，不适宜阅读严肃和说教类内容。新媒体应根据自己所属领域和受众画像，策划精准选题，创作内容。再如在写作节奏上，新媒体的阅读终端设备往往是手机，这决定了新媒体适宜多用短语、短句和短段，而大量的长句堆砌容易让受众望而生畏。同时，因为受众习惯了碎片化阅读，深度内容的叙事节奏必须明快，并要合理设置悬念，吸引受众将内容读完。

从更为宏观的视角来理解受众的传播行为，同样很有必要。中山大学广东省舆情大数据分析与仿真重点实验室联合澳门科技大学人文艺术学院，连续数年调查澳门公众的新媒体使用情况。《2018 年澳门居民新媒体使用习惯调查》显示，在新媒体使用上，微信成为澳门居民最重要的新媒体平台，其受众数量和使用频率在各类新媒体中均占比最高。在新媒体参与上，中青年女性的新媒体参与度高，近 90% 的澳门公众通过留言或点赞参与社会事务，但主动发帖率不高。

新媒体内容生产者理解受众的媒介传播地图，可以更为准确地定位受众群体，更为精确地生产内容，更为有效地组织传播。

📖 **延伸阅读**

受众的媒体需求

受众是出于什么样的目的或动机来选择大众传播媒体的？美国著名的传播学者丹尼斯·麦奎尔通过大量的调查研究，将受众的媒体需求归纳总结为以下四种。

第一，消愁解闷。例如，受众通过观看娱乐性节目、消遣性文章来缓解日常生活中的各种烦恼，从而消除疲劳、释放情绪等。

第二，维护人际关系。这主要包括两种人际关系，一种是拟态人际关系，就是受众会对节目中出场的主持人和嘉宾产生一种熟人或是朋友的感觉；另一种就是通过讨论节目内容，受众可以融洽家庭关系、建立社交关系。在这里，拟态人际关系还可以在某种程度上满足受众参与社会互动的心理需求。

第三，自我评价。受众可以通过媒介中报道的事件和矛盾冲突的解决办法提炼出自我评价的参考框架。受众通过这种对比能够开展自身行为的反省，并以此为基础改善自己的观念和行为。

第四，监视环境。受众通过大众传播媒介还可以获得与自己生活相关或间接相关的各种信息，可以及时地把握周边环境的变化，如房产信息和商业信息等。

思考题：

1. 请利用自己的体检记录、手机电池用量记录、微信\支付宝消费记录、运动记录等内容，为自己"绘制"一个"成长画像"，对比相关媒体对你的同龄人的"受众画像"，看二者之间有何差异。

2. 请思考一下：你的痛点是什么？你的利益诉求是什么？你成长的动力是什么？你自己获取信息的规律是什么？

第十八章

制胜之道

新媒体写作，不仅是一种文本表达，更是一种系统化运营。作为文本表达的新媒体写作，需要新媒体写作者在选题、观点、逻辑、审美层面进行综合考量；作为系统化运营的新媒体写作，则需要新媒体写作者在定位、"打法"、反应、互动等方面进行整体考虑。

在新媒体时代，平台媒体、机构媒体、自媒体，在某种程度上可以说起点是一致的。它们各有其优势，也各有其劣势。但总体上说，制胜之道在于"追求自立其法"，以适合自身发展的方式，在舆论场上形成自己的特色品牌与独特价值。

一、精确定位

传统媒体时代，写作是大众写作，即面对的对象是不确定的大多数人。新媒体时代，写作面对的是具有一定社群属性的群体，或者说是相对特定的人群。

新媒体写作的关键因素是定位，不仅包括作品（或者叫产品、内容）定位，还包括认知定位、心智定位，乃至平台定位。也就是说，新媒体写作者需要在受众及潜在受众心中建立一个突出的印象。毋庸置疑，定位理论的核心是"与众不同"，即如何通过差异化定位来让自己有别于他人。

（一）借助热点成为热点

在借助热点成为热点方面，媒体的新闻评论最为典型。例如，凤凰网评论开设了《第一解读》栏目，追求"天下评论，唯快不破"，《新京报》评论开设了《新京报快评》栏目，澎湃评论开设了《马上评》栏目，基本上都是第一时间围绕新闻热点发声。

其中，《新京报快评》是新媒体品牌栏目，2019 年 11 月获第二十九届中国新闻奖二等奖。评委会在初评评语中写道："立于北京而怀远，彰显法治和人文，积极稳健有见地。"这也是《新京报快评》的主要理念。《新京报快评》真正体现了"人无我有，人有我优，人优我先"。例如，在 2018 年全国"两会"、中央经济工作会议期间，在全国媒体中《新京报》是首个发声的媒体。《新京报快评》在对重大事件、热门话题快速发声后，经常会继续跟进，从多个角度将事件或政策讲透。例如，国务院机构改革方案一出来，《新京报快评》就连着推送了 10 多篇评论；全国两会和纪念改革开放 40 周年期间，《新京报快评》更是组织了系列评论。这也更好地对政策法规起到了宣传作用，在公共事件上也更有力地引导了舆论的传播。

可以说，第一时间关注热点，才有可能成为热点的一部分。

（二）借助名气成就名气

"六神磊磊读金庸"是典型的"借助名气成就名气"的微信公众号案例。金庸的武侠作品在全球有着非常广泛的受众，其作品屡次被改编为影视作品，影响力巨大。可以说，金庸的影响已经远远超过一个作家的影响，这个名字自身已经带有 IP 属性，以至于人们常说"有井水处，就有金庸"。

据六神磊磊介绍，其在公众号定位上也是几经周折，从"最有趣的读书号"，到

"读书不要竖着读，让我横切开给你看"，再到"众所周知，我的主业是读金庸"。一方面，公众号名字上就有"金庸"这个 IP 的名称；另一方面，公众号的定位十分鲜明——解读金庸。

从深层次看，六神磊磊认为："即使把金庸书中的中国元素去掉，他的书依然是最好的武侠小说，因为他的书很深刻地在挖掘人性。"这种认知，是超越单纯借助金庸名气的。

（三）借助专业成就专业

在知乎平台上，有人询问："市值风云"是一个什么样的机构？

有人回答：市值风云是一家专注于 A 股上市公司财务舞弊、资本运作、市值管理分析的"独立第三方"公司，目前已研究了 1200 家上市公司。公司研究数据全部来自上市公司的公开信息，包括定期报告、公告、官方互动平台发布的信息等。如今，市值风云有微信公众号和自建 App。未来的市值风云 App，将成为拥有"财经资讯+独立第三方研报+上市公司自动化评级系统+行情与交易"等主要功能的大型 App。

这个定位描述突出了"市值风云"的清晰定位，包含业务模式和未来趋势分析。市值风云等自媒体的出现有助于打击和遏制上市公司的造假与欺诈行为，有助于保护投资者的利益，有利于我国股市在健康的"慢牛"轨道上发展。

市值风云在运营过程中，有一个明显的特色——专业，即标准的内容生产流程。在研究阶段，市值风云就定下了一个非常重要的规矩：在研究上市公司时，数据、信息的来源必须是上市公司的公告信息、财报信息，以及国家相关部门的统计资料、其他知名第三方研究机构的监测数据，其把这些信息都定位为"标准化信息"。任何非标准化信息，其在写作过程中几乎都不采用、不采信。市值风云就是在"专业"的基础上生产内容，从而成就自身的专业形象的。

▍二、特色"打法"

不同的机构有着不同的定位，在"打法"上注定各有特色。机构媒体可能实力更强，但要考虑的因素更多。自媒体更有勇气，也更灵活，但平台的弱小和资源的短缺也常常成为掣肘因素。

（一）自媒体的"整合为王"

2018 年 7 月 21 日，自媒体"兽楼处"推出整合文章《疫苗之王》，一方面，这篇文章成为 2018 年最为轰动的文章之一；另一方面，这篇文章也引发了关于自媒体写作的巨大争议，作者没有实地采访，只是通过整合资料与梳理信息，勾勒出疫苗事件的来龙去脉。

该文章写道：经过短短三年时间，长生生物（长春长生生物科技有限责任公司，简称"长生生物"）生产的狂犬病疫苗的市场占有率，就从不到 4%上升到 28%，成为我国第二大狂犬病疫苗供应商，正在威胁着行业霸主成大生物的市场地位。成大生物生产的狂犬病疫苗的价格是 149 元，长生生物生产的狂犬病疫苗的价格则是 239元，而且消费者选择长生生物生产的狂犬病疫苗还要比选择成大生物生产的狂犬病疫苗多打一针。

生物制药行业人士说：我们竟然见到价格更高、需要打针次数更多的狂犬病疫苗，对价格更低、需要打针次数更少的狂犬病疫苗形成威胁。作者分析发现，"长生生物2017 年销售费用为 5.83 亿元，也就是说 25 个销售人员每人的销售费用约为 2330 万元，是康泰生物的 4 倍，是成大生物的 47 倍"。

该文章形成了"刷屏"效应，加上多家药企的大量不合格儿童疫苗流入市场等问题，一时间，它们引爆网络舆论，随后《新京报》《南方都市报》等多家主流媒体跟进报道，并于头版刊登企业检查通报。就是这篇整合文章，成为引爆舆论的直接导火索。

（二）机构媒体的"系列策划"

2018 年的长生生物疫苗安全事件，凤凰网评论部作为机构媒体，利用平台优势持续发力。

在《疫苗之王》发表之前，7 月 17 日，凤凰网评论部发表《疫苗救人变害人，三问长生生物》。追问一：长生生物"疫苗造假"是否只是孤立个案，该公司其他疫苗产品的安全性如何？追问二：药企显然知道"疫苗造假"的后果，但为何长生生物敢铤而走险？追问三：在行政、司法追责之外，作为上市公司的长生生物，该受到何种惩罚？

在《疫苗之王》形成"刷屏"效应之后，凤凰网评论《第一解读》与《政能亮》两个栏目"双轮驱动"，在当晚就推出了三篇"疫苗之殇"系列评论。

三、快速反应

互联网的显著特征就是海量信息与快速反应，从资讯到评论，都需要实现实时与同步。很多影响一时的文章都是因为踩着新闻的节奏，赶上了舆论的风口。

（一）唯快不破

2017 年 6 月 21 日，新华社微信公众号发表的《刚刚，沙特王储被废了》，就是典型的快速反应，成为现象级文章，并由此催生了"刚刚体"。

"这篇文章成为阅读量攀升最快的报道，大约 10 分钟，阅读量已突破'10 万+'；成为阅读量最多的报道，36 小时内，有近 800 万阅读量；成为点赞量最多的报道，在受众页面，文章的阅读量和点赞量都呈现'10 万+'。很多人说，在新闻媒体微信文章中，尤其是纯新闻报道中，阅读量和点赞量均突破'10 万+'，还是第一次看到。此外，按照微信平台的规则，留言区最多只能显示 100 条留言；但在后台，实际留言量接近七万条。"这是时任新华社官方微信主编、《环球》杂志副总编辑刘洪提供的一组数据。

2014 年，凤凰网评论基于网络传播的特征，提出"唯快不破"和"领先报纸 12 小时"，并以此为标准来界定凤凰网评论的影响力。

事件发生后，公众往往希望知道：发生了什么？事件的发生意味着什么？接下来会怎么样？如果新媒体能在第一时间对事件进行解读，能迅速满足公众的信息渴求，也能在客观上引领舆论。

（二）同步解读

2018 年 3 月 2 日上午，各大媒体几乎都在直播"两会"。凤凰网《政能亮》实时解读，同步刊发，在时效性上又推进了一步，在微博上引起较大的反响。

当然，追求快速有一个潜在的前提，即评论生产平台自身对评论的操作有一套相对稳定的理念与方法，评论员本身也有相对丰富的评论经验与判断能力。否则，在新闻反转成为常态的语境下，过于追求速度，有时反而容易衍生出事实有误等问题。

四、互动维护

与受众的互动，已经成为新媒体的重要特色。互动本身，甚至在影响上不亚于写作。有人经常会说，"我是来看跟帖评论的"。例如，网易新闻的一个特色就是"跟帖盖楼"，根据"跟帖"互动情况，可以从侧面看出新闻的价值。

（一）人格化

2017 年，时任新华社官方微信主编、《环球》杂志副总编辑刘洪介绍说，对留言的回复是"刚刚体"最为出彩的地方。"我们一直都把回复留言当作一个特色在精心打造。社交媒体时代与报纸时代不一样了，新华社直接面对粉丝，互动得当，会大大增强粉丝黏性，形成更大的影响力。"

他认为，回复留言时要符合公众号的定位和特点，可以人格化，但是要真诚，低姿态，真正和受众互动起来。

例如，在"跟帖"评论中，受众发问："就写这 9 个字还用了 3 个编辑？""新华社小编"则回复："王朝负责'刚刚'，关开亮负责'被废'，陈子夏负责'沙特王储'。有意见？"

受众跟帖："看你们那回复，一副天下第一的样子，你们怎么不上天？""新华社小编"回复："我们的确上过天，我们的特约记者金海鹏、陈冬在天宫 2 号上面还发过稿件，电头就是'新华社天宫 2 号电'。"

包括针对错别字，"新华社小编"置顶回复："谢谢朋友们的指点。虽然有三个编辑，我们还是把'废黜'写成了'废除'，我们正在'深刻反省'。"

（二）陪伴化

在微信公众号"六神磊磊读金庸"发布的系列文章中，"跟帖"评论及相关回复也是一个有趣的现象。

六神磊磊说，有一个人专门帮忙盯着后台，遇到有趣的问题会对他说，然后六神磊磊说明自己的想法，这个人再帮忙回复。

他介绍，总会遇到一些有趣的回复，有些读者还是挺有水平的。六神磊磊有时候会写一些关于军事的内容，就会有很专业的军迷在后台与他进行交流。有时候，他推送了一篇关于唐诗的文章，就会有很专业的人来与他讨论：究竟是"春来发几枝"，还是"秋来发几枝"？

"互动是一种相互的陪伴"。这是六神磊磊对互动的定位。

思考题：

1. 你怎么看待新华社的"刚刚体"？

2. 请选择你最喜欢的一篇自媒体文章，尝试在文章的评论区与作者进行互动。

第十九章

走出误区

通往新媒体写作的道路并非都是鲜花与掌声，也存在着风险。新媒体写作者该如何绕开陷阱、规避风险？本章提出了新媒体写作的七大陷阱，尝试向相关从业者提出警示。

新媒体写作面临的风险有很多，会面临内容缺乏把关问题、娱乐过度问题，也会面临罔顾公序良俗、侵犯版权等问题。这些问题的存在，为新媒体写作敲响了警钟。随着内容经济的兴起，很多机构、个人纷纷将内容生态纳入产业链条中。而面对这个巨大的"名利场"，很多人并没有做好准备，这既影响了自身，也破坏了新媒体生态。

一、"把关人"职责缺位

"把关人"理论是新闻传播的重要理论之一，起源于心理学家库尔特·勒温构建的名词"守门人"。之后怀特（D.M.White）承继研究，延伸出"守门人行为"的观念，即指新闻媒体从消息来源获得大量资讯后经编辑、筛选、删减的过程。

在特殊的现实语境下，"把关人"存在一些争议，有人认为理应强化把关意识与把关职能，也有人认为过度把关会影响人们的自由表达。然而不管针对"把关人"存在怎样的争议，从现实层面看，这一角色不能缺席。

2016 年，今日头条创始人、CEO 张一鸣在接受《财经》杂志采访时声称"今日头条是技术公司而不是媒体公司，不承担'价值观的拷问'"，"如果非要说价值观，那么今日头条的价值观是'提高分发效率，满足受众信息需求'。受众需求，可以通过分析受众点击、阅读、分享、收藏等行为来发现"。他认为，今日头条不会也不需要设立传统意义上的总编辑，不干涉可能是对内容最好的管理。

同年 12 月 23 日，《人民日报》评论部发布题为《算法盛行更需"总编辑"》的评论文章，文章中提到，技术和算法终究是工具，是末；思考的乐趣、价值的塑造、知识的完善，才是目标，是本。算法主导的时代，更需要把关、主导、引领的"总编辑"，更需要有态度、有理想、有担当的"看门人"。

2018 年 4 月 11 日，张一鸣公开"致歉与反思"，今日头条将强化总编辑责任制，全面纠正算法和机器审核的缺陷，不断强化人工运营和审核，将现有的 6000 人运营审核队伍扩大到 10000 人。

二、流量第一导向

长期以来，各行各业都存在一种"唯数字论"的现象。例如，就媒体而言，报纸讲究"发行量"，电视台讲究"收视率"，网站讲究"点击量"。这些数字指标背后都有一个统计体系。当然，如果"唯数字论"，必然会制造乱象。

网站如果过于追求"点击量"，必然导致"标题党"横行，这一规律在很多自媒体那里同样适用。2017 年，国家网信办联合相关部门开展了整治乱改标题、歪曲新闻原意等"标题党"的专项行动，还制定印发了《互联网新闻信息标题规范管理规定（暂行）》（以下简称《规定》），明确要求各网站把坚持正确舆论导向贯穿到互联网新闻采集、撰写、编排、发布等环节。

《规定》明确要求，发布的互联网新闻信息稿件标题不得出现以下情况：歪曲原意、断章取义、以偏概全；偷换概念、虚假夸大、无中生有；低俗、媚俗、暴力、血腥、色情；哗众取宠、攻击、侮辱、玩噱头式的语言；法律法规明确禁止的和明显违反社会公序良俗的其他内容。《规定》严禁在标题中使用"网曝""网传"等不确定性词汇组织报道或者表述新闻基本要素，严禁各类夸张、猎奇、不合常理的内容表现手法等"标题党"行为，严禁通过各类具有暗示的页面编排、标题拼接等不当页面语言，传播错误导向。

"标题党"虽然不能全面反映流量至上的弊端，但也提醒我们，如果一味地只是追求流量，本末倒置，很容易导致"标题党"等不良现象的出现。

三、强娱乐属性

尼尔·波兹曼在《娱乐至死》一书中说："一切公众话语日渐以娱乐的方式出现，并成为一种文化精神。许多领域心甘情愿地成为娱乐的附庸，毫无怨言，甚至无声无息，其结果是我们成了一个娱乐至死的物种。"这种担忧，并不是没有依据，在新媒体时代，深度思考逐步消解，碎片化阅读、碎片化思考成为常态。

四、熬制焦虑"鸡汤"

在知识付费领域，"焦虑"作为一门生意被"贩卖"。有些是知识性焦虑，有些是认知性焦虑，有些是情感性焦虑……不管哪种焦虑，总有一款"鸡汤"适合你，有些新媒体账号就会利用这种焦虑贩卖"鸡汤"，带动公众的情绪。

五、漠视版权保护

近几年，"反侵权公告"成为不少媒体的"痛点"。

与此同时，《新京报》发表社论《"今日头条"，是谁的"头条"》，指出"今日头条"的口号是"我们不生产新闻，我们是新闻的搬运工"，但事实上，其搬运的不仅是新闻，更是版权。在互联网时代，我们固然要鼓励技术创新和所谓的盈利模式创新，但基本的前提是不能伤害原创内容的创新；不能把别人的"头条"抄袭成自己的"头条"。互联网发展会带来各种新技术，像"今日头条"这样的网络应用"新秀"将层出不穷，但技术的发展不应当带来版权保护的恶化。

知识版权问题越来越引起媒体的注意和重视，未来，类似的反侵权行为会越来越多。漠视知识版权，必然引发无尽的纠纷与争端，以及相应的法律部门的介入。

▌六、罔顾公序良俗

2018 年 5 月 8 日，自媒体"暴走漫画"在"今日头条"等平台发布了一段时长为 58 秒，含有戏谑、侮辱烈士内容的短视频，在社会上造成了恶劣影响。

在一周之前的 5 月 1 日，《中华人民共和国英雄烈士保护法》刚刚通过并被实施，其中明确禁止歪曲、丑化、亵渎和否定英雄烈士事迹与精神，正如公众所说，"暴走漫画"这是在"顶风作案"。

新媒体人忽视既有的法律法规，必然会受到相应的惩戒。

▌七、不懂舆论规律

2019 年 10 月 10 日 18 时 10 分许，江苏省无锡市 312 国道 K135 处、锡港路上跨桥发生桥面侧翻事故，现场有多辆轿车被压，该消息瞬间占据全网头条。事故发生后，无锡市人民政府迟迟未对事故情况进行任何通报，其新闻办官方微博却先后发了两条无关的信息。这也引发网友的调侃："是外包了吗？"

不懂舆论传播规律而导致的舆情危机以及次生灾害的相关案例层出不穷。这是需要新媒体人切实加以避免的。

思考题：

1. 你认为新媒体写作还有哪些风险或陷阱？
2. 你认为该如何规避侵权的风险？

第六部分
未来是什么?
新媒体写作趋势前景

第二十章
智能写作前景

对于新媒体写作而言，人是写作的主体，而能够为新媒体写作带来变化的则主要是传播环境和传播技术。未来的传播环境是智能的全媒体传播环境，新媒体写作将带有更多的智能色彩，并在未来经历从智能写作到智慧写作的新变化。

新媒体的"新"，意味着创新，意味着变革，意味着前所未有。新媒体未来将为人类信息传播带来更多的传播自由和传播解放。随着新一代信息传播技术的发展，新媒体传播也将进入新的发展阶段。智能传播成为新媒体传播的一大特征。研究员孟威认为，智能传播是建立在新能源、人工智能、大数据、物联网机器人等技术发展和突破的基础上，以机器定位节点，以物联网、数据流替代人力、技术、设备等传统生产要素，以智能技术决定内容生产、传播、营销和集成为决策方向的新的传播方式。中国人民大学新闻学院教授彭兰认为，智能化技术在媒体行业的应用，不只是带来生产与分发模式的变革，更会带来生产力的变革。技术对人力的增强，会造就新的生产力，帮助人类到达过去不曾到达的新领域与新境界，也会给内容产业带来深层影响。

由于新媒体传播的出现，媒体融合成为一种传播常态。媒体融合的最终目标是建设一个智慧全媒体生态系统：信息突破局限，服务无处不达，价值无处不在。

可以预见，融合的网络、融合的平台、融合的应用、智能的传播，构成了新媒体传播的新场景。作为新媒体传播的重要环节，新媒体写作的未来传播环境主要涉及五个方面：一是新媒体传播主体人机融合化，二是新媒体传播工具智能化，三是新媒体发布终端虚实融合化，四是新媒体发布平台全媒体精准化，五是新媒体传播场域国际国内边界模糊化。

一、新媒体传播主体人机融合化

只要互联网传播平台没有被彻底颠覆，依托互联网传播平台的新媒体传播就会持续且活跃。新媒体的未来发展是怎样的？人们对于这个问题有很多认识。清华大学新闻与传播学院教授熊澄宇认为，我们今天可以清晰地发现：新媒体凝练技术成果，新媒体改变产业结构，新媒体影响传播方式，新媒体构建社会形态。新媒体未来必定从这四个方面推动社会的进步与发展。

一般而言，新媒体的主体是人，但是随着信息通信技术的发展，各种机器人写作和传播方式逐渐成为移动互联网传播的标配。也就是说，纯粹的人际传播环境可能已经不存在了，未来存在的是一种融合的、人机共同参与的新媒体传播状态。

（一）传播主体人机融合化

在新媒体传播领域，人并不是孤单的传播主体。人和智能机器逐渐融合，构成新的传播主体。有人认为，人工智能（客观智能）与人类智能（主观智能）最有可能演变成为一个对立统一体，即"人机融合智能"。这将开启一个全新的时代，即"人机融合智能时代"。还有人认为，人机融合的时代可能会比人工智能超越人类智能的时间更早到来。在这种情况下，人借助智能机器和设备生产内容、传播内容、选择内容，将成为未来移动互联网传播平台的主要特征之一。

（二）传播媒介网络机器化

麦克卢汉曾指出：媒介是人的延伸。随着信息传播技术的发展，无人机、物联网、机器人等新技术和新设备，逐渐成为移动互联网传播的参与者。无人机在视觉传播层面，扩大了人类的传播视野。一般认为，无人机报道（Drone Journalism），即以无人机（Drone）或无人驾驶飞机（Unmanned Aerial Vehicle，UAV）作为天空中的观察者，来拍摄地面情况，为突发新闻事件提供新的报道方式。这种方式为全媒体新闻报道注入了新的力量。对于新媒体传播而言，无人机应用也将为新媒体传播带来更大的发展空间。

机器人将在学习、医学、娱乐等各方面成为人类社会生活的陪伴，并成为新媒体传播语境的重要元素。写作机器人、编辑机器人等在新媒体领域的应用越来越普遍。2015年9月，腾讯推出了写作机器人"梦幻写手"（Dreamwriter），它仅花一分钟就完成了一篇财经新闻报道。同年11月，新华社推出了"快笔小新"写稿机器人，开始参与日常新闻的撰写工作。对于新媒体传播而言，机器人写作的介入，使新媒体内容的构成更具丰富性和多样性。

（三）传播内容机器参与化

机器参与人类信息传播，将使人类信息传播更加活跃。由于机器参与内容生产和内容传播，人类要逐渐适应这种人机融合的传播环境。机器生产内容是一种越来越常见的新媒体传播方式。"新闻机器人"实际上是一套软件或算法语言，它自动采集数据，然后撰写成人类可以阅读的内容。"算法"是指包含一系列非常复杂的数学规则、能通过预先设定的步骤解决特定问题的计算机程序。例如，国家地震局就利用机器人编写过地震新闻。2017年8月8日21时19分，四川省九寨沟县发生7.0级地震。当日21时37分15秒，中国地震台网机器人自动编写稿件，仅用25秒就完成了稿件的编写，稿件内容包含540字和4张图片。这种新闻传播方式更为迅速，更为准确，同时也降低了人工传播的成本。受众如果不对传播主体进行甄别，仅仅从其生产的内容来看，很难区分它是真人创作的，还是机器人创作的。

对于机器参与传播的现象，中国人民大学新闻学院彭兰教授认为，机器参与的内容生产在客观呈现事物、高效实现信息加工、促进知识生产和精准指导生产决策等方面具有一定优势，但机器创作只是一种计算性的创作，它与人的互动也是程序化的。面对机器的侵入，人类需要保持自身在主观观察与描述、观点表达、意义创造、经验与直觉等方面的优势，保持人的内驱性表达动力及共情性交流能力。在人机协同的内容生产过程中，机器虽然具有一定的拟主体性，但人的价值判断应引导机器的价值判断，我们需要处理好人文精神与机器效率的平衡。这说明机器参与传播所存在的问题，需要人们在新媒体未来发展的过程中，通过制度、技术和伦理等层面逐步协同推进解决。

▌二、新媒体传播工具智能化

离开网络、终端、平台，当今的新媒体传播将寸步难行。因此，对于新媒体传播而言，技术层面的变革总能带来新的传播变革。以新华社"媒体大脑"为例，我们可以感受到新媒体传播发展的一个特点。"媒体大脑"是由新华智云自主研发的国内首个媒体人工智能平台，该平台融合了云计算、物联网、大数据、人工智能等多项技术，为媒体机构提供线索发现、素材采集、编辑生产、分发传播、反馈监测等服务，使新闻场景下的应用和服务更加智能化。"媒体大脑"包含 8 个功能：智能媒体生产平台、新闻分发、采蜜（语音转文字）、版权监测、人脸核查、受众画像、智能会话、语音合成。国内各媒体机构均可在认证后使用"媒体大脑"的各项功能和产品。"媒体大脑"的出现意味着内容的生产效率和传播效率得到有效提升，这是"机器的智能+人的智能"的双赢，将开启一个全新的人工智能内容生态系统。"媒体大脑"的目标是成为智能媒体时代的基础设施，成为 AI 内容的定义者和发布者。由此可见，没有强大的智能化工具和平台的支撑，新媒体传播很难走得更远、走得更好。

在新的传播网络背景下，新媒体传播工具将进一步发生变化。目前，较为普遍的新媒体传播工具是计算机和移动智能终端。但当未来新媒体传播的基础媒介发生变化时，新媒体传播的格局将出现新的场景。

（一）视觉维度，呈现超高清体验

新技术的出现，将使新媒体传播形式变得更加广泛。在新媒体传播过程中，不同的视觉呈现将为新媒体写作"打开新的窗户"。如果新媒体写作者借助智能工具可以看得更高、更远、更宏观、更微观，那么新媒体写作所呈现的世界将更加五彩缤纷。例如，2019 年 8 月 31 日，在 2019 年国际篮联篮球世界杯北京赛场上，由我国主导设计、集成建造的全球首台"5G+8K"转播车进行了赛事试播，数百名观众在五棵松篮球公园，通过户外大屏现场观看了通过 5G 实时传输的 8K 电视信号试播的赛事画面。这实现了我国"5G+8K"技术在国际重大赛事中的首次示范应用。未来，随着 5G/6G 技术的进一步发展，超高清传播体验将更加广泛和普遍。

（二）听觉维度，呈现高保真场景

在新媒体传播形态中，短音频一直占有重要位置。有人认为，短音频是指在各种新媒体平台上播放的、适合受众在移动状态和短时休闲状态下收听的、高频推送的音频内容。短音频内容融合了脱口秀、技能分享、幽默诙谐、时尚潮流、社会热点、街头采访、公益教育、广告创意、商业定制等主题。短音频由于内容较短，可以单独成段，也可以成为系列栏目。在新时代移动互联网传播背景下，在新媒体传播场景中，很多短音频呈现的高保真听觉效果将为新媒体带来更好的发展空间。

（三）触觉维度，呈现高虚拟现实

虚拟现实是一种信息传播领域的创新型技术，可以将受众的感官带入独立且全新的虚拟空间，为受众提供沉浸式、代入感更强的传播体验。在新时代移动传播场景下，虚拟现实技术的应用还在不断拓展变化。从二维世界到三维世界再到多维世界，新媒体传播所呈现的环境将是越来越虚拟的现实。虚拟和现实的边界越来越模糊。在新媒体世界里，受众可以触摸虚拟的现实，也可以触摸现实的虚拟。不管是虚拟现实，还是增强现实，不管是混合现实，还是扩展现实，都将为新媒体传播带来前所未有的新发展。创新无极限，传播无极限，只要人类保持活跃的创造力，新媒体传播就有无限的发展空间，新媒体传播在技术层面的进步将不可限量。

三、新媒体发布终端虚实融合化

在 5G 乃至今后的移动通信发展阶段，移动智能终端将向着虚拟化的方向发展。因为物理的移动智能终端的屏幕和内存是有限的，而虚拟的移动智能终端的屏幕和内存是无限的，因而更符合新时代或更高级移动互联网传播环境的需要。在未来的传播环境中，将出现现实的移动智能终端和虚拟的移动智能终端均成为新媒体发布终端的情况。这也将为新媒体传播的发展带来新的变化。这种变化主要体现在三个方面：新媒体写作的方式将更为自由，新媒体写作的终端形式将更加多样，新媒体写作的内容形态将更加丰富。与此同时，新媒体发布终端的变化将引发新媒体相关产业的深刻变革。

四、新媒体发布平台全媒体精准化

随着信息传播技术的不断发展，新媒体传播形态将会越来越丰富。随着媒体融合在我国的不断推进，新型主流媒体传播体系也逐渐形成。全媒体在发展过程中也已经出现了全程媒体、全息媒体、全员媒体、全效媒体等特征。新媒体传播最重要的一个特征就是大型移动互联网传播平台的出现。这些传播平台所呈现的全媒体化和精准化为新媒体传播提供了更好的外部环境。各种类型的传播主体都可以利用大型移动互联网传播平台开展面向公众的传播活动。大型移动互联网传播平台要充分发挥其社会治理和传播治理的作用，与此同时也要避免其商业利益和公共利益产生冲突。这对于主流媒体的发展、形成自有传播平台也具有重要意义。人民日报社副总编辑许正中认为：主流媒体要想吸引受众、成就品牌，还需要由点到面，形成新型传播格局，构筑新型传播平台，建设兼具主流价值与创新活力的全新传播生态。目前，人民日报社已经建设了人民日报中英文客户端、人民网、党媒信息公共平台等属于自己的传播平台。由此可见，主流媒体只有拥有强大的传播平台，才能更好地发挥对主流价值的构建作用。

五、新媒体传播场域国际国内边界模糊化

新媒体传播对于国际传播而言，其重要性越来越凸显。我国的国际传播主力军应当更加注重新兴媒体、新兴技术、新兴终端的运用，构建立体化、智能化、多层次、多领域、全方位、全流程的新型国际传播体系。传统媒体与互联网经由深度媒体融合而共同走向智能媒体，未来的国际传播也将充分利用新的媒介体系。在当今的传播领域，新媒体是各类传播的主力军。随着全球网络系统的构建和全球信息的传播，新媒体传播进一步推进了国内传播场域和国际传播场域的高度融合。这种变化使新媒体传播承担着更为重要的传播使命。如何在世界范围内构建全球共识，在全球共识基础上构建全球治理体系，在全球治理体系的基础上构建人类命运共同体，这是所有传播主体和传播形态都要面对的问题。

引起广泛关注的"李子柒现象"即是一个生动的案例。北京大学教授张颐武认为，李子柒的走红是文化传播规律和特征的具体展现。它是相当成功的文化传播，创造了中华文化跨文化理解的一个部分。我们要避免大众文化传播产生消极的效果，但我们更需要越来越多的李子柒，让他们用自己的能力生动鲜活地创造中华文化的影响力。文化传播不是一厢情愿的事，它需要更多的路径、方式和内容。由此可见，如何利用新媒体的形式，讲好中国故事，则是一个非常值得深入探讨的问题。

思考题：

1. 智能传播对新媒体发展有哪些影响？

2. 大型移动传播平台对新媒体传播有哪些影响？

3. 新媒体传播对全球传播有哪些影响？

第二十一章

5G/6G 将带来什么

新一代移动通信技术和移动互联网技术，将为新媒体写作带来更为自由、更为开放、更为创新的传播环境，而这一点也非常契合互联网精神。海量内容、海量关系、海量连接、海量终端、海量屏幕、海量阅读，这将是新一代移动通信技术为新媒体写作带来的新变化。

在新媒体传播方面，移动传播网络、移动智能终端和大数据算法等将构成一个移动智能融合传播空间。其中，移动传播网络涵盖了 4G、5G、6G 等移动通信技术。2015 年，国际电信联盟（ITU）发布了《IMT 愿景：5G 架构和总体目标》，定义了增强移动宽带（eMBB）、超高可靠低时延（uRLLC）和海量机器类型通信（mMTC）三大应用场景，以及峰值速率、流量密度等八大关键性能指标。2019 年 6 月 6 日，工业和信息化部向中国电信、中国移动、中国联通、中国广电发放 5G 商用牌照。同年 10 月 31 日，三大电信运营商共同宣布启动 5G 商用服务，发布相应的 5G 套餐。从此，5G 应用走入寻常百姓家。5G 所带动的是一个庞大的产业群落，据中国信息通信研究院预测，到 2025 年中国 5G 网络建设投资累计将达到 1.2 万亿元；5G 网络建设还将带动产业链上下游及各行业应用投资，到 2025 年将累计带动投资超过 3.5 万亿元。其中，5G 智能手机的累计销售额到 2025 年将超过万亿元规模。

5G 对于新媒体而言，是一个强大的赋能、赋权网络，能够为新媒体传播提供一系列新的应用场景。新一代移动通信网络的演进，将推动新媒体传播同步进入一个新的发展阶段。当 5G 时代的传播革命真正到来的时候，如果我们对非逻辑、非理性因素还缺少把握能力和应用能力，那么我们将面临很大的挑战风险。

对于新媒体传播而言，5G 并不是一个恒久的主题。5G 的发展周期一般为十年左右，在 5G 进入大规模商用的同时，全球对于 6G 的研究已经展开。2019 年 11 月 3 日，科技部会同国家发展改革委、教育部、工业和信息化部、中科院、自然科学基金委在北京组织召开了 6G 技术研发工作启动会，会议宣布成立国家 6G 技术研发推进工作组和总体专家组。这标志着中国 6G 研发的正式启动。在未来十年，更多 6G 技术的实验场景将呈现在人们面前。5G 实现了从移动互联到万物互联的拓展，6G 将在大幅提升移动通信网络容量和效率的同时，进一步拓展和深化物联网应用的范围和领域，并与人工智能、大数据等信息和通信技术（Information and Communications Technology，ICT）相结合，服务于智能化社会和生活，实现万物智联。简而言之，新一代移动通信技术能够为新媒体写作带来五个方面的变化：一是更好的网络性能；二是更多的网络连接；三是更清晰的网络视频；四是更弹性的网络结构；五是更智能的网络监管。

▌ 一、更好的网络性能

中国工程院院士邬贺铨认为，以 5G 等新一代信息基础设施为代表的"新基建"，不仅是一项庞大的建设工程，还是信息消费市场的建造，更是新兴产业的打造，这体现了我国经济发展转型的方向，成为拉动经济增长的新引擎。从 5G 的技术发展特征来看，5G 不是一项单一的技术，而是一个具有融合性的网络应用平台。5G 为各种信息传播技术的融合应用提供了前所未有的网络环境。

就移动通信技术而言，新一代的技术自然会比之前的技术有很大进步。但是新一代的技术也存在其自身的局限性，这一点对于 5G/6G 同样适用。一般而言，新一代移动通信技术最为明显的特征就是快，比上一代技术的网络速度更快。从速率指标上看，5G 的峰值速率为 10～20Gbit/s，受众体验速率为 0.1～1Gbit/s；而 6G 的峰值速率为 100～1024Gbit/s，受众体验速率为 1Gbit/s。新一代移动通信网络传输速度的提高，将会为新媒体传播营造前所未有的传播场景。

移动通信的网络带宽更大，这说明移动通信网络的容量更大。这为构建在移动通信网络基础上的更多业务和应用提供了更好的网络传输环境。5G 的增强移动宽带（eMBB）业务场景，可以为 4K/8K 超高清移动视频、沉浸式的 AR/VR 业务提供网络支持。更低的时延，说明新一代移动通信网络可以提供几乎没有延迟的通信服务。从时延指标上看，5G 的时延为 1ms，而 6G 的时延为 0.1ms。从 5G 到 6G，网络性能的持续优化和演进，为新媒体传播提供了更为有利的传播条件。

▌二、更多的网络连接

5G 网络能够连接的终端数量更加丰富。和 4G 相比，5G 的重要突破是将人与人之间的通信，拓展到了人与物、物与物之间，开启了万物互联、人机深度交互、智能引领变革的新阶段。这使 5G 网络生态更加生动、活跃。这种变化使移动互联网的内容生产、内容传播、关系构成、关系容量都将发生新的变化。这种移动互联网生态将为新媒体发展带来新的发展空间和新的变化的可能性。从连接密度来看，5G 的连接密度为 100 万个连接/平方千米，而 6G 的连接密度为 1 亿个连接/平方千米。从网络覆盖范围来看，6G 网络将构建跨地域、跨空域、跨海域、跨太空的一体化全覆盖网络，实现了真正意义上的海、天、空、地无缝覆盖。从 5G 到 6G，移动通信网络将为新媒体传播提供更为丰富、自由的网络连接环境。

▌三、更清晰的网络视频

5G 为新媒体传播带来了新的变化。有人认为，时长仅在 1 分钟左右的 8K 超高清视频，其存储量约为 190GB，这会使 8K 超高清视频的传输及储存的压力被持续加大。而 5G 技术的出现为 8K 超高清视频的发展带来了战略机遇。5G 技术的高速率、低延时，能让受众体验 8K 超高清视频的高分辨率及逼真的成像还原，带给受众近距离观看的舒适感和沉浸式的临场感。5G 的大规模商用为超高清视频的应用提供了有利条件。5G 与超高清视频的融合，不仅将大幅提高超高清视频内容的生产效率，也将有力促进超高清视频在广播电视、文教娱乐、医疗健康、安防健康、智能交通、工业制造等行业领域的应用，加快行业数字化进程，撬动巨大内需市场，进而产生广泛的社会效益。超高清视频的制作，需要更为专业的制作设备和制作团队。这将促使专业级和个人级的传播设备进入新一轮的升级过程。

2019 年 3 月 1 日，工业和信息化部、国家广播电视总局、中央广播电视总台联合印发了《超高清视频产业发展行动计划（2019—2022 年）》，明确提出"4K 先行、兼顾 8K"的总技术路线和 2022 年 4K 电视全面普及、超高清受众数量达 2 亿、超高清产业规模达 4 万亿元的目标。这意味着，在 5G 时代，超高清视频产业将获得快速发展。超高清视频需要特殊的设备，但是随着技术的进步，特殊的设备应该是解放人的视觉感知，而不是束缚人的视觉感知。随着可穿戴设备的应用，超高清视频的感知途径将趋于多样化。随着虚拟移动智能终端的成熟，超高清视频的感知应用将拓展新的领域。随着超高清视频的普及，超高清视频产业将得到快速发展。

超高清视频的传播将推进网络的进一步升级。在 5G 时代，超高清视频有了制作和传播的基础条件，而超高清视频的制作、传播将为 5G 发展提供更为坚实的基础。5G 和 6G 的移动通信网络环境，则使超高清视频传播成为传播常态。由此开始，各种超高清视频在各种社会交往中的应用也将逐渐普及。视频云平台可实现指挥调度、院区监控、VR 探视和信息上报等多元智能化医护功能。而这些超高清视频的应用还只是开始，其对于未来新媒体传播具有重要的推进作用。

四、更弹性的网络结构

5G 时代，整个移动通信网络的架构发生了新的变化。随着网络技术的演进，移动通信网络结构更加具有弹性和可控性，能够为海量的受众提供定制化的服务，网络切片将成为未来业务的主流形态。5G 所采用的软件定义网络（Software Defined Network，SDN）技术，是一种新型网络创新架构，是网络虚拟化的一种实现方式，它将网络设备的控制面与数据面分离开来，从而实现了网络流量的灵活控制，使网络作为管道变得更加智能，为核心网络及应用的创新提供了良好的平台。其所采用的网络功能虚拟化（Network Functions Virtualization，NFV），通过虚拟化技术，将传统网络的专用网元进行软硬件解耦，构造出基于统一虚拟设施的网络功能，实现资源的集中控制、动态配置、高效调度和智能部署，缩短网络运营的业务创新周期。当然，随着更为弹性的网络结构的出现，网络在安全性方面也将面临新的挑战。

▍五、更智能的网络监管

据预测，到 2025 年，我国的网络连接将占据全世界网络连接的 30%，这意味着我国将是全球最大的 5G 市场，有很大的潜力，对全球经济将带来巨大影响，将会对全球数字化进程做出很大贡献。随着移动通信网络和移动互联网的历史性变化，面对如此巨大的网络连接市场，网络监管将面临新的更大的挑战。监管部门需要思考如何更好地适应网络的演进变化，以更加智能的网络监管方式来促进网络空间治理，促进网络治理体系的构建，从而为我国国家治理体系和治理能力的现代化建设提供强有力的支撑。真正高水平的网络监管，应该是融合了智能和智慧、理性和感性、技术和伦理的综合监管，这也将为新媒体写作创造更为自由而规范的、具有弹性与灵活性的管理环境和管理氛围。

思考题：

1. 5G/6G 网络性能变化将为新媒体传播带来怎样的变化？

2. 在 5G/6G 网络场景下，如何提升网络管理能力和水平？

第二十二章
回归"内容为王"

在传播领域，"王者"甚多，但是"内容为王"则是一个最为重要的方向。对于新媒体写作而言，新媒体写作者生产的成果就是内容。在新一代新媒体传播环境中，内容的重要性不容置疑。正是因为有了海量的内容，才构建了新媒体传播的"高楼大厦"。

当前，传播被视为一个体系，这已成为人们开展传播研究的共识。未来的全媒体平台、全媒体体系，不仅是一个传播的体系，而且在本质上应该成为基于互联网的、与社会治理体系高度一体化的传播体系。在这样的基础上，我们将能够建设一个可以通过规范运营实现自身造血功能、实现自身价值变现和增值的互联网平台。对于新媒体传播而言，所有相关联的方面，哪些较为重要？对于这个问题，可谓仁者见仁，智者见智。我们认为，新媒体传播的维度主要有以下六个方面：一是内容维度，围绕内容构建传播体系；二是关系维度，围绕关系构建传播结构；三是平台维度，围绕平台构建传播生态；四是算法维度，围绕算法推荐构建分发机制；五是人本维度，围绕人本整合信息、媒介和平台；六是共同体维度，围绕传播共同体形成内容"涌流"。

一、围绕内容构建传播体系

在整个传播体系之中，内容很重要。因此，整个新媒体传播体系的构建，要建立在内容的基础之上。在全媒体时代，信息瞬息万变，技术创新日益活跃，但让主流媒体牢牢占据舆论引导、思想引领、文化传承、服务人民传播制高点的目标不会动摇，在信息增量和技术变量之外保持价值常量的准绳没有改变，坚持正确政治方向、舆论导向、价值取向的优质内容始终是时代刚需。

例如，人民日报社对内容生产就极为重视。传播内容认知国家重点实验室由人民日报社主管，依托人民网建设，以人工智能研究为核心，围绕主流价值观精准传播理论科学与计算、内容智能审核和风控评级、基于内容传播领域的国家网络空间治理三个重点方向，开展传播内容认知的应用基础研究，旨在推动我国媒体融合研究和应用水平的跨越式发展，为媒体深度融合提供技术支撑、理论依据、发展指引和决策参考。这说明，不管是对于组织媒体还是自媒体，不管是对于传统媒体还是新媒体，内容的重要性都未曾改变。

传统的新闻媒体组织，都是围绕内容构建其传播体系的。新媒体传播平台，类似新浪微博则是在内容的基础上构建关系，类似微信平台则是在关系的基础上构建内容。但不管是哪种构建方式，内容都是传播体系的最终立足点。只不过内容的形态也会随着信息传播技术的演进而发生新的变化。在 5G 之前的移动互联网平台上，内容的形态主要以图文为主；在 5G 之后的移动互联网传播平台上，内容的形态主要以视频为主，超高清视频的直播也将成为新媒体传播的主要内容形态。

二、围绕关系构建传播结构

在任何一个传播体系的构建过程中，传播关系的重要性都不言而喻。一切传播关系都反映着社会关系。面对多元、多样、多层、多变的舆论场，主流媒体如何有所作为、积极应对、因势利导，为社会和谐稳定做出贡献，是一个全新的课题。在移动互联网传播时代，传播关系的重要性进一步凸显。移动互联网传播平台的出现，使新媒体传播沿着内容和关系等不同维度进行。在新媒体传播过程中，关系所占的比重越来越大，围绕关系组织内容、形成新型的传播结构成为新媒体传播的一个发展方向。

因为移动互联网传播的发展和普及，关系成为新媒体传播的构成要素。在很多以社交网络为逻辑线构建的移动互联网传播平台上，基于关系生产内容，基于关系传播内容，基于关系相信内容，成为新媒体传播的重要结构性特征。

三、围绕平台构建传播生态

在新媒体传播体系中，大型移动互联网传播平台扮演的角色越来越重要。一方面，大型移动互联网传播平台为新媒体传播提供了更好的传播环境。另一方面，大型移动互联网传播平台的出现将会在商业利益、公共利益和私人利益之间形成矛盾和冲突。如何更好地发挥其正向的构建作用，抑制其对公共利益的危害，将成为新媒体治理过程中的一个重要问题。

对于大型移动互联网传播平台的监管，我国监管部门一直高度重视。不论媒体融合发展走到哪一步，党管媒体、政治家办报的原则不能变。我们要旗帜鲜明地把党管媒体原则贯彻到新媒体领域，所有从事新闻信息服务、具有媒体属性和舆论动员功能的传播平台都要纳入管理范围，所有新闻信息服务和相关从业人员都要实行准入管理。这也可以说明大型移动互联网传播平台在我国传播体系架构中的重要性。

四、围绕算法推荐构建分发机制

算法推荐就是依托大数据，通过数据分析推测受众偏好，并据此向受众推荐信息的内容推送方式。算法推荐最大的优势就是提升效率。人工智能的技术本质是算法，而算法的社会本质则是一种权力。算法推荐的问世和普及是媒介技术进步的体现，它让信息与受众实现精准对接，将信息与受众进行个性化匹配，让受众很容易从纷繁复杂的信息中找到自己需要的信息，从而节约时间成本、提升选择信息的效率。算法被运用于移动互联网传播，是移动互联网传播领域的一个创新。算法对于移动互联网传播产生了深刻的影响。围绕算法，建立合法、合规、合情、合理的内容分发机制，是新媒体传播的一大特征。

但是与此同时，我们也要认识到，算法也有法律边界和伦理边界，也应该受到互联网监管。对于"算法没有价值观""算法中立"等观点，社会各界曾经展开过激烈的讨论。算法从来都不是中立的。算法从来就不是没有价值观的。商业利益和公共利益可以共存，但如果发生偏差，我们就要调整，牺牲的只能是商业利益。所以，算法的道德性和法律性是必须要有的。只有给算法推荐装上主流价值的"方向盘"，才能更好地利用算法技术服务受众、造福社会，画出最大同心圆，凝聚奋进正能量。由此可见，在对于算法推荐的认知方面和规范管理等方面，人们已经逐渐达成了共识。

五、围绕人本整合信息、媒介和平台

成功的大型移动互联网传播平台上，都积聚了大量的人、大量的内容和大量的关系。对于移动互联网传播平台上的海量人、内容和关系，我们如何有效利用，这是一个关键的问题。这些内容可以为商业利益服务，可以为个人利益服务，也可以为公共利益服务。最为理想的状态是，移动互联网传播平台能够将这几方面的利益加以协调，达到一种合理有序的平衡。例如，视频传播的兴起，就是以人为中心组织内容生产和传播的典型案例。正是移动互联网的全国性覆盖，再加上宽带等传统互联网近年来的持续"下沉"，才使海量受众同时在线的直播及拍摄、剪辑和传输短视频成为可能。集成了大数据、云计算、人工智能等多项移动互联网前沿技术的算法推荐，也使直播、短视频具有了传统媒介形态所不能比拟的媒介优势。可以预见，随着移动通信和移动互联网的进一步发展，以人为中心的新媒体应用还将层出不穷。

六、围绕传播共同体形成内容"涌流"

传播主体生产内容，传播路径构建关系。所有传播主体在大型移动互联网传播平台上所形成的是一个传播共同体。这些传播主体所构成的传播共同体，成为海量内容的生产者、传播者和消费者。无论技术如何变化，产品和传播都要围绕着受众转，受众思维是互联网思维的核心。媒体和受众之间，是信息传播共同体、情感交流共同体，也是价值判断共同体。受众的数量、停留时长、参与程度，代表媒体对受众的聚拢吸附能力、社会动员能力和行为塑造能力。这个传播共同体在同一个场域，构建新的关系结构，生成新的内容形态，形成持续不断的内容涌流。这种内容涌流，在特定时间会形成所谓的"刷屏"现象或"超级话题"现象。

移动互联网传播平台是网络空间治理的关键要素和重要抓手。移动互联网传播平台的存在，最大的价值在于激发作为传播主体的人，沿着内容维度、关系维度、平台维度，创造更多能够反映真实社会经济生态、反映真实网络传播生态、反映真实人生状态的内容。移动互联网传播平台的社会价值，不仅体现在其娱乐性和商业性方面，还应体现在对于国家治理、社会治理、网络治理的促进方面。移动互联网传播平台是新媒体内容生产、汇聚、分发的重要平台，将为新媒体写作提供更为广阔的生存空间。

思考题：

1. 如何围绕内容构建新媒体传播体系？
2. 如何看待算法推荐对于新媒体传播的价值？
3. 如何优化对大型移动互联网传播平台的管理？

第二十三章
获得更好传播效果

　　新媒体写作的构成要素是人、关系、内容和平台。新媒体人创作内容，不是为了独享，而是为了共享。完成新媒体写作，只是完成了新媒体传播过程的一个环节，后续的分发、互动和反馈更为重要。而新一代移动互联网传播平台就是很好的内容共享平台，因此，依托新一代移动互联网平台，更好地进行新媒体传播，对于新媒体写作至关重要。

新媒体传播正被技术、社会、经济、文化等各个层面的力量推动着不断向前演进。新媒体人要想做好新媒体传播，就需要解决传播效率和传播效果的问题。要提升效率，改善传播效果，具体应关注以下六个方面：一是新媒体人如何提升传播效率，使信息传得更快；二是新媒体人如何改善传播效果，使信息传得更广；三是新媒体人如何提升传播精度，使信息传得更准；四是新媒体人如何把握传播频次，使信息传得更巧；五是新媒体人如何把握传播底线，使信息传得更稳；六是新媒体人如何坚持以人为本，使信息传得更人性化。

总体而言，新媒体传播离不开网络、平台、应用等技术性因素。但是如果将技术作为决定一切的因素，也有些失之偏颇。因此，综合各种因素，善用新媒体传播，是提升新媒体传播效果的基本要求。

一、新媒体人如何提升传播效率

提升新媒体传播效率，就是要解决"快"的问题，就是要体现新媒体传播的时效性。运用智能化的传播方式，是提升传播效率的重要手段。在提升传播效率方面，一是新媒体平台可以借助大数据和算法等手段；二是传播主体要提升传播水平，把握传播规律。新媒体写作者要在新闻热度处于最高值时提供有效供给，满足受众更深层次的阅读需求。要想做到这一点，"提前量"非常关键。如果新媒体传播不能体现"快"的特征，新媒体写作者如果不能先人一步、及时回应，则不能发挥出新媒体的优势。在现实传播场景中，对于有的新媒体账号，新媒体人开而不用，用而不足，这是新媒体传播效率不高的一个表现。

二、新媒体人如何改善传播效果

改善新媒体传播效果，就是要解决"好"的问题，提升新媒体传播的效果。以微信公众号为例，新媒体人要想改善其传播效果，一是微信公众号要有一定的粉丝基础；二是要提供符合受众需求的内容；三是要经常和粉丝保持密切及时的互动。符合这三个条件，就可以保证微信公众号的传播内容达到较好的传播效果。微信公众号文章的"10万+"阅读量只是一种衡量方式，但不是唯一的衡量方式。

具体而言，新华社官方微信公众号的传播就值得关注。其主要经验有如下几点。一是做好标题。所有的媒体都在同一时间获得了同样的信息，这时候，媒体报道比的就是谁创作的文章标题更有新意、更具有长尾传播的能力。二是贴近热点。媒体除了发布重大的快讯及有关重要的时间节点的原创内容之外，还要紧贴社会热点去创作内容，因为社会热点是当下受众最感兴趣的。三是人格化运营。主流媒体只要坚持找准定位、放低姿态、结合热点，就很有可能会取得成功。如果新媒体人开设新媒体账号之后，频繁发布和更新内容，但是账号没有粉丝，文章没有阅读量，新媒体人也没有与粉丝进行互动，则说明该新媒体账号的传播效果不佳。当然，传播效果的好坏，关键要看粉丝的评判，新媒体人不能自娱自乐、自说自话、自以为是。

三、新媒体人如何提升传播精度

有人认为，新闻舆论工作的"度"包括报道的准确度、内容的高度、分析的深度、思考的角度、逻辑的严密度等。对于这些，新媒体人都要把握尺度，不能"欠火"，但也不能"过火"。这种不同尺度的把握，体现在新媒体传播方面，就要求新媒体传播要尽可能做到精准。提升新媒体传播精度，就是要解决"准"的问题。所谓的"准"，有几个不同的层次：一是时间准；二是平台准；三是媒介准；四是标题准；五是内容准；六是受众准。如果新媒体人能够在准确的时间，利用准确的平台，通过准确的媒介，凭借准确的标题，依托准确的内容，传递给准确的受众，那么这个传播则是精准的。当然，目前的精准传播，更多地体现在传播平台对于受众内容分发的精准性。新媒体人要想在大型移动互联网传播平台上获得精准发布内容的赋权，则不甚容易。有两种精准传播方式：一种是自己的内容被平台推送；另一种方式是新媒体人根据自己的经验、受众画像等来有针对性地生产内容并进行传播。

但是在解决新媒体传播精准问题的同时，也要警惕"信息茧房"现象的产生。"信息茧房"现象虽然因个性化推荐算法等技术的发展而日益成为研究热点，但它指向的人们的选择性心理带来的信息视野狭窄及观点、立场固化等，并非新的现象。从新媒体传播来看，人们的视野与其获取信息的路径及相关的信息过滤机制有关，社交网络、平台、算法等都有可能在一定程度上固化人们的信息获取路径、强化人们的选择性心理，"信息茧房"的形成是多种因素的共同作用。要破解"信息茧房"，同样需要依靠算法与平台的优化、信息供给侧的改进及个体媒介素养的提升等。新媒体传播是为了形成开放的世界、开放的传播，而非塑造封闭的世界、封闭的自我。因此，对于因算法和非算法形成的"信息茧房"现象我们都要保持足够的警惕。

四、新媒体人如何把握传播频次

把握新媒体传播频次，就是要解决"量"的问题。只有符合传播规律的传播才是成功的传播。传播规律之一就是信息的传播要有正确的传播频次。信息匮乏的新媒体是没有生命力的，而信息过载的新媒体的传播效果也不佳。如何保持既活跃又持续的传播频次，则是新媒体人需要关注的一个重要问题。不同类型的新媒体有着不同的传播频次。新媒体人只有把握好各自的推送频率，才能满足受众的需求，并塑造受众的期望和习惯。相同类型的新媒体在同一时间区间有着趋同的传播节奏。这种传播节奏与受众及平台的时间节奏具有内在的联系和内在的一致性。

以微信为例，有研究者认为，粉丝最需要的，其实是持续的优质内容，倘若微信平台给了新媒体人三次推送权限，而新媒体人经常偷懒只推送一次或两次，并且推送的内容不能满足受众需求，新媒体人也不对内容做适合于微信端阅读的文案化、可视化改造，不注重用视频、动图、表情包等元素，不注重对受众留言的管理及与受众进行互动，这样的新媒体人，即便获得更多次数的推送权限，也无济于事。如果微信公众号没有优质内容做支撑，只进行传播频次和内容的简单增加，还可能导致持续的"掉粉"。对于微信公众号来说，新媒体人推送频率太低，容易造成微信公众号的沉寂，粉丝不活跃；如果推送频率太高，则可能造成粉丝的厌烦和取消关注。这一点对于微博平台也是如此。新媒体人只有根据粉丝特点，把握一个适度的传播频次，才能确保取得良好的传播效果。在日常的新媒体传播过程中，新媒体人只有不断探索和运用新媒体传播的客观规律，才能更好地改善新媒体传播效果。

五、新媒体人如何把握传播底线

和其他类型的媒体人一样，新媒体人也要把握好自身的传播底线。不管是自媒体，还是算法推荐类的媒体，把关的环节并没有消失，而是转换了把关主体。既然有内容和主体，新媒体人就应该承担把握传播底线的责任。2013 年 8 月 10 日举行的"网络名人社会责任论坛"，曾就承担社会责任、传播正能量、共守"七条底线"达成共识。这"七条底线"是：法律法规底线、社会主义制度底线、国家利益底线、公民合法权益底线、社会公共秩序底线、道德风尚底线和信息真实性底线。这说明在新媒体传播领域，所有传播主体的传播行为都要明确法律、伦理等的边界和底线。

把握新媒体传播底线，就是要牢牢把握传播的"红线、底线、高压线"的问题。对于新媒体传播主体而言，不管是政府组织、企业组织，还是个人，只要在新媒体传播场域中作为传播主体存在，就应该遵循传播场域的所有传播规则。百家争鸣、百花齐放，可以看作新媒体传播领域内的一大特征。但是新媒体传播在繁荣的同时，也存在着很多乱象。新媒体传播如何在传播方式和传播效果之间保持一种内在平衡，就显得至为重要。在规范的基础之上创新，行之合规，传之有道，不为了谋求一定的传播效果而不择手段，不因谋求传播效果而突破道德伦理和法律法规的红线、底线、高压线，是每一个传播主体都应该遵循的法则。

六、新媒体人如何坚持以人为本

新媒体传播要形成以人为本的传播体系，新媒体的人本特征更为明显。进而言之，新媒体传播更要围绕人、贴近人、服务人、连接人、凝聚人、关照人。习近平总书记强调："坚持人民性，就是要把实现好、维护好、发展好最广大人民根本利益作为出发点和落脚点，坚持以民为本、以人为本。"这一原则在新媒体传播领域同样适用。互联网思维的核心是受众思维。新媒体时代，媒体与受众的关系已经从单向灌输向双向互动转变。对新媒体来说，"以人民为中心"就是以受众为中心，就是让受众参与到内容建设中来，成为内容生态的中心和主体。也就是说，不管是在战略层面，还是在战术层面，以人为本都是新媒体传播的重要原则。

坚持以人为本，就是要解决新媒体传播的基本原则问题。在传播技术和传播平台及传播算法越来越重要的前提下，包括新媒体写作环节在内的新媒体传播应该如何适应新的变化，如何顺应未来发展趋势，是一个重要的问题。不管技术如何演进，不管平台如何强大，不管算法如何精准，从新媒体传播的角度来看，我们依然要坚持以人为本的基本原则，在人、技术和利益之间，要保持一种总体的平衡。只见技术不见人的传播，只见利益不见人的传播，将是失败的传播。对于新媒体传播而言，技术不是第一位的，利益也不是第一位的，真实的人才是第一位的。

思考题：

1. 如何发挥新媒体传播在社会治理中的作用？

2. 在新媒体传播过程中，如何把握人、技术和利益之间的平衡？

结　语

　　新媒体写作，将在新媒体传播的大环境中得到更自由、更灵活、更全息、更丰富、更生动的呈现。新媒体写作，将构建一个更为广阔、泛在、人性、动态、全息、真实的传播世界。新媒体的未来，是人类传播未来的一部分，是全球治理的一部分，是网络治理的一部分。新媒体传播将在人类传播、全球治理、网络治理中扮演越来越重要的角色。而新媒体写作也将在全球治理进程中起到重要的作用。

　　新媒体传播将会把网络、应用、平台、终端、信息、关系、场景等要素更为紧密地联系在一起。人既在新媒体传播之中，又在新媒体传播之外，如何把握人和网络、人和终端、人和平台、人和场景、人和利益等一系列关系的平衡，将是对人类理性、智慧、素养的新考验。

　　新媒体写作，将更大程度上体现人对世界的认识、参与、改造和建设。新媒体写作，将在空间中记录人生，在时间中寻找永恒，在交往中形成共识，在传播中构建平衡。

后　记

感谢人民网与人民邮电出版社的这一次"牵手"，促成了这套"新媒体创新人才培养系列丛书"的出版，并给了我们一次躬逢其盛的宝贵机会，将这本书忝列其中。

这其中，离不开人民邮电出版社社长顾翀、总编辑张立科两位先生对我的信任，以及刘琦、刘尉两位编辑老师的"接力"工作，他们的真诚与敬业，让我们的合作非常愉快。

本书的诞生，是集体智慧的成果。傅玉辉先生是横跨学术界与新媒体实务界的行业资深人士，也是我的同门师兄，当我向他发出邀请时，他毫不犹豫地应承，让我极为感动，他的支持给我增添了莫大的信心。高明勇先生是知名的评论员和新媒体界的"弄潮儿"，曾经出版了多部有影响力的著作，我们在清华大学经管学院的媒体 EMBA 班上结缘，并在媒体和写作上有很多趋同的理念，这应该是我们这一次达成默契合作的重要原因。他同时还介绍了作为同事的崔向升先生加盟，他们丰富的实务经验，使本书的内容更加鲜活和接地气。

在本书的写作过程中，我们征引了来自学界、业务界很多同人的观点和素材，在这里表示诚挚的感谢。

由于编著者的水平和视野所囿，书中难免存在疏漏之处，恳请各位读者批评指正。

胡森林

庚子年暮春于北京

参考文献

[1] （德）斐迪南·滕尼斯. 共同体与社会[M]. 林荣远，译. 北京：商务印书馆，1999.

[2] （美）凯瑟琳·米勒. 组织传播[M]. 袁军，等译. 北京：华夏出版社，2000.

[3] （美）萨义德. 知识分子论[M]. 单德兴，等译. 北京：三联书店，2002.

[4] 王梦奎. 怎样写文章[M]. 北京：中国发展出版社，2010.

[5] （美）塞缪尔·G.弗里德曼. 媒体的真相——致年轻记者[M]. 梁岩，王星桥，译. 北京：中信出版社，2007.

[6] （美）比尔·科瓦奇，汤姆·罗森斯蒂尔. 真相：信息超载时代如何知道该相信什么[M]. 陆佳怡，孙志刚，刘海龙，译. 北京：中国人民大学出版社，2014.

[7] （美）杰里·施瓦茨. 如何成为顶级记者：美联社新闻报道手册[M]. 曹俊，王蕊，译. 北京：中央编译出版社，2008.

[8] （美）梅尔文·门彻. 新闻报道与写作[M]. 展江，译. 北京：世界图书出版公司，2014.

[9] （美）凯利·莱特尔，朱利安·哈里斯，斯坦利·约翰逊. 全能记者必备：新闻采集、写作和编辑的基本技能[M]. 宋铁军，译. 北京：中国人民大学出版社，2010.

[10] 彭兰. "新媒体"概念界定的三条线索[J]. 新闻与传播研究，2016，23（3）：120-125.

[11] 桂钰涵. 新媒体存在的问题及解决对策——以互联网为例[J]. 今传媒（学术版），2014，0（4）：114-117.

[12] 刘璐，潘玉. 中国互联网二十年发展历程回顾[J]. 新媒体与社会，2015，0（2）：13-26.

[13] 潘雁飞. 论碎片化阅读语境下微博体写作与古代"贵简"写作理论的契合[J]. 广播电视大学学报（哲学社会科学版），2018，186（3）：49-51.

[14] 喻季欣，薛国林. 新媒体：催生"新新闻文体"[J]. 新闻与写作，2010，（4）：79-81.

[15] 彭兰. 增强与克制：智媒时代的新生产力[J]. 湖南师范大学社会科学学报，2019，48（4）：132-142.

[16] 胡正荣，李荃. 对新媒体未来的思考[J]. 传媒，2020，（2）.

[17] 熊澄宇. 对新媒体未来的思考[J]. 现代传播，2011，（12）：126-127.

[18] 何艾祝. AI机器人在新闻传播中的应用[J]. 青年记者，2019，649（29）：91-92.

[19] 邓建国. 机器人新闻：原理、风险和影响[J]. 新闻记者，2016，0（9）：10-17.

[20] 彭兰. 智媒趋势下内容生产中的人机关系[J]. 上海交通大学学报（哲学社会科学版），2020，28（2）：37-46.

[21] 胡正荣. 智能化背景下国际传播能力提升与人类命运共同体构建[J]. 国际传播，2019，（6）1-8.

[22] 喻国明. "5G革命"下的传媒发展机遇与要点[J]. 新闻与写作，2019，（12）.